Justus Janus
Mittel & Wege

Justus Janus

Mittel & Wege

eine holotrope Kaleidoskopie – zwischen Versuch und Versuchung einer zeitgeistgemäßen Allgegenwärtigkeit

IDEA

Die Deutsche Bibliothek – CIPEinheitsaufnahme

Janus, Justus
Mittel & Wege
Justus Janus– Palsweis, IDEA 2017

ISBN 978-3-88793-232-9

Umschlaggestaltung: Anja Failer
Umschlagfoto: Justus Janus

ISBN 978-3-88793-232-9
© 2017 IDEA Verlag GmbH, Palsweis
www.idea-verlag.de
Alle Rechte vorbehalten

Einsatz der Selbstbegründungswut des Urhebers:

Erste Eindrücke und beginnende Einsichten gleichwie frühe Anläufe, weiterführende Anregungen und sicherlich noch sehr viel weitergehende Flucht- und Rechtfertigungsansätze sowie spätere Eingebungen und andersgehende Erzählungen als nachfolgende Berichte und anschließend ausformulierte Ausführungen mit nicht zuletzt ziemlich folgenreich verlaufenden Schlussfolgerungsversuchen eines ganz bezeichnenderweise von seinem eigenen Leben so überdeutlich Gezeichneten, wo er ja so vieles so vielversprechend begonnen, was in keinem Leben auch nur zu einem Ende hätte gebracht werden können, weshalb er schlussendlich höchsterfolgreich gescheitert an sich und an allem wie vor allen Dingen daran, was keiner außer er selbst je von ihm hätte verlangen können, da er schlicht hundertfach von seines erbarmungslos herrlich unverlangten Lebens Wirklichkeit überwältigt und sich darob darin vollauf verloren, auf einer eigentlich sehr ehrlich gemeinten Suche, auf der er ja so lange als irgend möglich selbst auch versucht gewesen war, dem Wahren einen Sinn zu geben, in dem er ihm möglichst nahekomme, bis er schließlich und endlich für sich wie für alle und alles andere zu dem unumkehrbar folgerichtigen Schluss gekommen, letzten Endes doch zunächst einzig und allein sich für sich verstehen zu müssen, um alsdann beginnen zu können, zumindest ein bisschen – oder vielleicht gleich gar wirklich – zu sein und daraufhin aufgehen zu wollen in der Welt, damit er sich auf ebendiese überaus aufrichtig erscheinende Weise seiner selbst so gerecht als möglich werde und sich also ebendem ganz ausdrücklich zu vergewissern vermöge, was bisweilen tatsächlich die absolut annäherungsweise Bedeutung dessen annehmen mag, dem er immerzu in wie mit seinen Worten und über dieselben, wie sie ihm nun ja zum letzten Mittel und einzig verbliebenen Wege geworden, einen Ausdruck zu verleihen gedenkt, um dementsprechend etwas Halt, ein wenig Gewissheit oder irgendeine andere Form des beständig wirkenden Begreifens gleich den dann doch allein in ihrem solchermaßen hingeschriebenen Feststehen gewiss bestehenden Gegebenheiten seiner eigenen Vergewisserung im Sinne selbstverständlich erscheinender Bestimmungen zu erhalten, um eben gemäß dieser außerordentlich bezeichnenden Weise in und ob seiner Wirklichkeit wie vor der – oder zumindest vor ebenderen – Wahrheit selbst bestehen zu können in seiner zwischen rigorosem Rechtfertigungszwang und zweischneidiger Verzweiflungswut heillos verzückten Heiligkeit, und um eben dadurch dem zeit- wie geistgemäßen Ziel einer absolut annäherungsweisen Annäherung ans Absolute Folge zu leisten, sich selbst gleichwie der Welt zumindest ein kleinwenig an Sinn und Bedeutung zuzusprechen, wie alldieweil nachfolgend hinreichend exemplarisch dargelegt, somit einigermaßen allgemein bezeugt und deshalb natürlich auch ein kleinbisschen universell erwiesen, da er nun ja, wie er am Leben gewachsen, mit ihm verwachsen und demselben zugleich entwachsen, seinerzeit gleichsam auch selbst und ganz besonders ein Kind seiner Zeit, all dem zum Trotz, wiewohl ebendeswegen lebendig und ein Menschlein gewesen.

(Dezember 2016)

Inhaltsverzeichnis

ein Vorwort   9

I. Schriftgewordene Ansätze recht gründlich bedachter Versuche einer grundlegend gerechtfertigten Theoriebildung zur operativen Abhandlung geistesgegenwärtig diagnostizierter theoretischer Versuchungen zu einer wohlbegründet formalgerechten Geistesgegenwärtigkeit – oder schlechthin abenteuerlich bewusstlose Anstrengungen und unbedacht geistreiche Bemühungen, mit – seinen womöglich eigenen – Worten zu erklären, was, warum und wie es ist

    Zeit&Geist   16
    Von Zeichen und Werten   30
    S e i l T a n z   60

II. Geschichten und Berichte wie Erzählungen aus der Praxis und über Leben

    Bei Gott   66
    Gottes Dämmern   84
    Sein Ziel   93
    Gottes Beweis   97
    Ein Versprechen   99
    Dia log   111
    Unendlich zuhause?   116
    Vom Mittel weg   138
    Die letzte Runde   139
    Weltendreise   145
    Lichtblick   184
    Endstation Alltag   185
    Glücksfall   194
    Um Wege zum Glück   198
    Letzte Worte   213

"Mind thy word
it may be heard
give hope and hurt
create whole worlds
or make them up
as evermore
and even more
ideas do come
about and flow
around while minds
rise up to grow
like stars that glow
forever bright
for spacious skies'
everlasting great
eternities
– or all comes loose
and falls apart"
(Janus, MMXV)

ein Vorwort des Autors – autorisierte Worte voraus

Im Folgenden soll es euch gleich mir selbst darum gehen, eine kurze Reise zu unternehmen, die uns in mehreren Schritten und über verschiedene Stationen eben soweit hinausführt aus einer vermeintlichen Alltäglichkeit wie geradewegs hinein in ebenderen unmittelbare Mitte, um über die dabei von diversen Standpunkten aus in ihrer Unterschiedlichkeit offenbarwerdenden Perspektiven mitunter recht unverhoffte Einsichten zu erlangen, die ein Licht – und zwar vornehmlich dasjenige, welches erst und letztendlich einzig dank der offenkundigen Versandes- und Verständniskraft eines selbständig wirkenden Geistes wirklich hell zu leuchten vermag – auf ein paar wenige der zahllosen im schattigen Halbdunkel unseres in fortwährender Geschäftigkeit glänzenden Schaffens liegenden Mittel und laufenden Wege werfen, welche wir begehren, verehren und begehen sowie bemühen, beanspruchen und beschreiten, um uns, ein jeder für sich gleich uns allen gemeinsam, einzurichten in der Gegenwart, oder um aus ebenderselben fliehenderweise ein Entkommen zu suchen, oder aber, um für uns dazwischen wie darin selbst einen zumindest irgend gangbaren Mittelweg zu finden, einen Weg von rechtem Maß und zugleich mäßigem Widerstand also, welcher uns durch eine zwischen Träumen und Wirklichkeitsvorstellungen, zwischen Kriegen und Liebe wie zwischen allerlei Chaos und verschiedenartigsten Ordnungsweisen zerrissene wie ihrem baren Anscheinen nach so oft von Gott und von Sinn wie von Zuversicht, Zusammenhalt und Zusammenhang verlassene Welt hindurchführen und schließlich nach einem vermeintlich frohgemuten Ende hin geleiten mag, wo jene Welt doch gleichsam wie wohl ebenso oft von denselben Gütern und Göttern und Werten und Vermögen bis ans Zerreißen erfüllt sein muss, an denen sie ja zugleich einen solch beträchtlichen Mangel zu leiden scheint.

Auf unserer gemeinsamen Reise zu diesen wie durch und um jene Mittel und Wege soll nun – wie beim Reisen wohl sehr häufig der

Fall – zumindest im Ansatz der Versuch unternommen werden, etwas Unmögliches zu erreichen, nämlich das Unbegreifbare und Unergründliche in Worte zu fassen und ihm darüber einen standes- wie verstandesgemäß angemessenen Ausdruck zu verleihen, der es schlussendlich erlauben soll – und in diesem an Mut- und Anmaßungen kaum mehr zu überbietenden Anspruch liegen wohl zum allergrößten Teil Grund und Begründung jener unverhohlen angegangenen Unmöglichkeit –, ausgehend von mir selbst ein Verständnis, ein Bewusstsein und eine Erkenntnisfülle hervorzurufen, welche, zumal in ihrem eindrucksvollen Zusammenspiel, sehr weit über mich und alles um mich herum hinausweisen.

Deshalb gehört freilich auch und besonders für mich – euren offenkundigen Führer oder heimlichen Begleiter auf der anstehenden Reise, wenn ihr so mögt – das Schreiben, das Einfangen verschiedenartigster Eindrücke wie deren anschließend ausdrücklich zusammenhangsvoll und -schwer vermittelte Konkretisierung in zeichensymbolischen Mitteln auf dem wortschriftlichen Wege verbalisierter Kommunikation, in die erwähnte Kategorie von Mitteln und Wegen wie wohl vor allem in die von mittleren Wegen, da sich zwar beim Schreiben – einer gemeinhin hochkultivierten Form des so selbstgefällig reflektierten wie eingebildet reflexiven Selbstgesprächs – mit vielerlei auch und gerade Schwerwiegendem und Gewichtigem, mit Weitreichendem, Hochtrabendem, Tiefgehendem, Allgemeingültigem, Anspruchsvollem und oftmals schon seinem baren Anschein nach sehr Bedeutsamem befasst und auseinandergesetzt wird, aber eben auf eine übermäßig abstrakt distanzierte Weise, die von einem die Dinge mit den deklarativen Mitteln einer lautmalerischen Logik, mit verbalisiertem Verstand und wortstrotzendem Kalkül wie auf ebenderen berechnendem – und somit gleichsam höchstberechenbarem – Wege fernhält, obwohl einer ja tatsächlich die im Grunde sehr aufrichtige Absicht gehegt haben mag, sich ebendem wahrhaft anzunähern, womit er zu beschäftigen sich vorgibt, und ihm dabei gar noch gerade so nahe als möglich zu kommen.

Wie weit – und vor allem wohin – einer mit solch einem Ansatz, wie er ganz explizit auch hier im Anschluss versuchsweise unternommen werden wird, kommen mag – oder eben nicht –, das wollen gleichwohl die nächsten beiden Schriftstücke einigermaßen anschaulich zu verdeutlichen suchen, von deren beider an freimütiger Sprachgewalt, zwangsdressierter Wortakrobatik, formlos formalisierten Formulierungszwängen und durchverbalisiertem Spieltrieb kaum mehr zu überbietender Arroganz, vermessener Zudringlichkeit und theoretisch gezierter Verstiegenheit sich der hochwerte Leser bitte nicht gleich abschrecken oder anbiedern lassen möge, sondern vielmehr inspirieren und anregen zu einer erhöhten Acht- und Aufmerksamkeit im Hinblick auf die je ganz spezifischen Wirkweisen, welche bestimmte Worte oder eine in gewissem Sinne arrangierte Sprache wie deren Ausgestaltung vor allem im Bezugs- und Bedeutungsrahmen der darüber dem vorgelblichen Anschein nach vermittelten Inhalte auf einen haben mögen, um daran anschließend der so hochuniversellen wie zutiefst selbstbezüglichen Frage nachgehen zu können, wie und wieso manche Reaktionsweisen hervorgerufen werden – oder eben nicht.

Auf diese Art kann und soll euch das Folgende – das Lesen als individueller und sehr persönlicher Akt einer interpretativen Sinnaneignung und bedeutungsgenerierenden Auslegung angebotener symbolhafter wie symbolbehafteter Zeichenzusammenhänge – auch zu einer inwendigen Reise verleiten, welche euch zu einer verinnerlichten Begegnung führen und dadurch schließlich wieder ein gutes Stück weit näher zu euch selbst – oder dem wahren Grund der Dinge, wenn ihr so wollt – bringen mag und somit zu einer reflektierteren Auseinandersetzung mit Geschehenem und Geschehendem befähigen wie auf das Kommende vorbereiten, denn unser gemeinsamer Weg beginnt eigentlich ausgehend von einem absichtsvoll sehr sprachgewaltig gestalteten zweigliedrigen Einstieg, der in seiner theoretisch verwirrten Aufgeklärtheit wie in seinem wirr herumwirbelnden Aufklärungsdrang dem Nachfolgenden in einem gewiss recht wohlbedachten Sinne zugleich als Zugang, Ausgang und Zielvorstellung wie als Grundlage, Rahmen und Hintergrund dienen soll, praktisch erst wirklich mit der dritten Schrift als poetisch motivierter Streifzug durch einzelne Bereiche unserer Gegenwart und Gegenwärtigkeit sowie und vor allem auch durch sehr unterschiedlich zu verstehende Gegenentwürfe zu einer gerade in diesem Zusammenhang allzu oft hegemonial erlebten Allgemeingültigkeit mit ihren unerschrocken herrschenden Bedeutungsweisen und einer dabei unziemlich hintergründig wirkenden Normalität.

Daher lassen sich jene auf die ersten zwei Texte folgenden Erzählungen auch als ein wenig eher auf eine gewisse Art von literarischem Genuss ausgelegt interpretieren, wohingegen insbesondere den beiden nun direkt anschließenden Schriftstücken darüberhinausgehend durchaus eine weiter- und tiefergehende Absicht innewohnen mag, die dem Leser getrost mehr denn bloße Auf- und Hinnahme abverlangt, mithin gar ein wenig Auf- und viel Hingabe, da bei alledem freilich nicht vergessen werden darf, dass jede noch so kleine Reise in gewisser Weise immer auch als Flucht zu verstehen ist – und alle Gewalt als Bitte um Beistand, wie jedweder Schmerz nach Liebe verlangt.

Zweifelsohne bleibt jedoch vermittels dieses Weges zu hoffen, dass sich aus dem Zusammenhang der im Verlauf eines solchen Exkurses in all das Menschliche und alles allzu Übermenschliche – der zugleich und wahrscheinlich noch vielmehr ein nicht besonders diskreter Diskurs ist – erlangten einzelnen Eindrücke ein neues Grundgefühl für sich und die Welt wie ein veränderter Zugang zu ebendiesen beiden entwickeln sowie auch ein wirklich verwandeltes Verhältnis zu denselben wie derselben zueinander und sich darüber hinaus neue Einblicke ergeben, welche in ihrer Zusammenschau eine gewisse Einsicht in verschiedenste Facetten, Bereiche und Schichten des Gesamtbildes erlauben und damit einem gelingenderen Erfassen und Begreifen des Ganzen den fruchtbaren Grund legen, wodurch alles in allem zumindest vereinzelte Anregungen hinsichtlich einer möglichst allgemeingültigen Übersicht wie auch Anstöße zum Denken und vielleicht gar zu entsprechendem Handeln geradewegs vermittelt werden sollen – woraus wiederum im besten Falle ein gemeinsamer Bezugshorizont zu unserer wie über unsere Welt hinaus erwächst, der es fortan erlauben mag, zu einer lebenswerteren und höherwertigeren, sinnvolleren und bedeutsameren, erkenntnisreicheren und verständnisvolleren wie bedachteren und gefühlvolleren Gemeinsamkeit sich zusammenzufinden, indem kollektiv formulierte und praktizierte Wahrheitsvorstellungen, Ordnungsweisen und Priorisierungen wieder dem angeglichen oder zumindest angenähert werden, was es wohl einmal und eigentlich bedeutet haben mag, ein Mensch sein können zu dürfen.

I. Teil:

Schriftgewordene Ansätze recht gründlich bedachter Versuche einer grundlegend gerechtfertigten Theoriebildung zur operativen Abhandlung geistesgegenwärtig diagnostizierter theoretischer Versuchungen zu einer wohlbegründet formalgerechten Geistesgegenwärtigkeit – oder schlechthin abenteuerlich bewusstlose Anstrengungen und unbedacht geistreiche Bemühungen, mit – seinen womöglich eigenen – Worten zu erklären, was, warum und wie es ist

Zeit&Geist

—

manifeste Erkundungen auf dem zeitweise ziemlich geistreich beschrittenen Weg in eine versuchsweise verursachte Gegengegenwärtigkeit wie zum ursprünglichen Wesen des Menschen und zu dessen zeitgemäßer Bedeutung

Die Welt, in der wir leben, entzieht sich auf ebenso gestaltlose wie vielgestaltige Weise unserem Verständnis, obschon sie ja – ganz gleich uns selbst – genau darin ihren wirklichen Ursprung hat, nämlich in einer bestimmten Ordnung der Dinge, die verstanden geglaubt wird und daher – also ebengerade weil und wie dies geschieht – auch wirklich real ist – oder zumindest so zu sein scheint. Das ist nun freilich gar nichts prinzipiell Neues im Hinblick auf das schon so häufig mit sehr viel Aufmerksamkeit und noch mehr weiterführenden Erklärungsweisen bedachte Verhältnis des Menschen zu der ihn umgebenden und ihn prägenden wie gleichermaßen von ihm geprägten und sich von und um und für sich gegebenen Welt, welche ihn somit im selben Maße hervorbringt, in dem er sie in seinem gedankenvollen Verstehen verursacht wie in verständnisvollem Gedenken.

Das diesem wechselweisen Gebären und gegenseitigen Zur-Welt-Bringen in einer allezeit stabil gedachten Balance einander entgegengesetzt wirksamer Spannungsverhältnisse zirkulierend zugrundeliegende Prozedere unterliegt allerdings, entgegen dem altgedienten und oft allzu beschwerlich beschworenen Verhältnis von Sein und Bewusstsein, gerade in unserer Gegenwart höchst eindrücklichen Verwandlungen, welche dasselbe in seinem reichlich fragwürdigen Zauber mithin als prozessionshaften Zirkus erscheinen lassen, dessen allseits immerfort so lebhaft bejubeltes Vorüberziehen wiederum ganz einfach darin eine hinreichende Begründung finden mag, dass mehr und mehr des im fortwährenden Zuge dieser überkomplex einfach genialen, wiewohl zugleich einmalig universell produktiven Prozedur Hervorgebrachten, nämlich des Menschen selbst gleich seiner eigentlichen Umwelt, ein mehr oder minder bewusstes Produkt wie vor allen Dingen logisch-stringente Konsequenz eines vom stetig anwachsenden evolutionären Begehren motivierten und angeleiteten philanthroposophischen Wirkens ist und folglich gar nicht mehr unabhängig vom liebklugen Menschen selbst, seinem Erleben, seinem Fühlen oder Tun gedacht werden kann, wodurch das ursprünglich allenthalben unerschütterlich gespannte Gleichgewicht im Fortschritt und Verzug der Vernunft wie mit dem davon angestoßenen Fortgang und Verlauf der Zeit einer unverwandtschaftlich eigenmächtigen verwandlerischen Anwandlung beigebracht wird, einer bisweilen unaussprechlich verworrenen Verwerfung, die den Menschen unumwunden zum Grund wie zum Maß und zum Ziel aller Dinge erhebt.

Der Mensch verinnerlicht demgemäß als erstes, höchstes und letztes Eigenmaß seiner selbst wie in den und über die weg- wie richtungsweisend hochfahrenden Auswüchse seiner diesbezüglich unziemlich selbstbezüglich anschwellenden Bestrebungen die spannungsreichen Widersprüche und widerspruchsvollen Spannungen jener Vorgänge und Gefüge, aus denen er ja genau genommen selbst im ursprünglichen Grunde wesentlich hervorgeht, weshalb sich nun durch ihn und in ihm wie all um ihn herum der ewige Kreis öffnet und auf manche Zeiten hin zur beständig formverwandelnden Spirale zuspitzt, die sich bange suchend windet um nichts als sich selbst, bis sie schließlich, ohne auch nur ein Ende finden zu können, zur unendlich davonstrebenden Gerade sich ins Unermessliche zu erstrecken beginnt, woraufhin wiederum die omnidimensionale Einheit jenes einstmals auf immer geschlossenen Kreises einer zumindest zweifelhaften Zweidimensionalität zu weichen hat, welche die ganz bezeichnende Typik ihrer vermeintlich überklaren Orientierungsmuster sodann ganz einfach auszuspielen vermag: über kurz oder lang von oben nach unten und über links nach rechts wie von vorn nach hinten und von

Schwarz bis Weiß, vielleicht sogar soweit, bis niemand mehr weiß, ob dieser abenteuerlich oberflächlich wirkende Dualismus nicht unlängst zur einfältigen Eindimensionalität zusammengeschrumpft ist, zu einem raum- und ziellosen Befinden ohne auch nur eine weitere Möglichkeit zum Werden oder Empfinden.

Und wie der Mensch derart zwiespältig bedingt einfach im halbunbewussten Glaube agiert, er allein bestimme zunächst sich selbst und im Anschluss daran die übrige Welt, so vergisst er – oder verdrängt wohl vielmehr – auf beinahe unbegreifliche Weise die zweite Hälfte dieses halben Glaubens Bekenntnisses, und zwar, dass er doch selbst – mag er nun die Welt auch prägen und gestalten wie immer ihm belieben mag – eben einzig und allein unter den Bedingungen der ihn umgebenden Welt ist und sein und werden kann, was er ist, und wie.

Im beengend weiten Rahmen all dieser weithin überzogenen Selbstbezogenheiten liegt nun also ein so schmuckes und zierliches wie zugleich auch unmissverständlich kaschierendes und ungeniert verhüllendes Paradoxon gleich einem überwirklich einwandfreien Gleichnis der grundlegenden Zwiespältigkeit des von seinen beständigen Fortschritten immer weiter ins Ungewisse getragenen Menschen, welches er sich wie zum Zwecke eines allgemeinverbindlich schuldbewussten Ausgleichs so vorbildlich und sinnbildlich wie zur Selbstbestätigung um den langen Hals gehängt wie ein begehrenswertes Schmuckstück und gleichsam angelegt als unzertrennliche Fessel, die ihn einer schweren Kette gleich bindet und es somit seinem suchenden Blick fortan einzig gestattet, allein nach vorn sich zu richten. Deswegen muss er von da an bei all seinem Denken und Fühlen und Tun nicht nur immerfort die enorme Last von Vergangenheit und Zukunft auf seinen schmalen Schultern durch eine unendlich endlose Gegenwart tragen, sondern er darf auf diesem weitläufigen Wege sogar noch allen Ernstes meinen, selbst voranzukommen.

All so ist er untrüglich gezeichnet und führt so voller Stolz wie zutiefst beschämt die Zeichen seiner ambivalenten Existenz gleichwie die seiner existentiellen Ambivalenz um und an und auf wie bei und mit sich in und durch die Welt. Sie künden dabei erstaunlicherweise ebenso von ohnmächtiger Macht und machtvoller Ohnmacht wie von unvollkommenem Vermögen und vollkommenen Unvermögen, und sind ihren trägen Trägern auf dem ihnen unzweifelhaft gewiesenen Marsch zugleich schlimmste Anklage wider ihr allseits einseitiges Betreiben wie ebendessen beste Rechtfertigung.

Die offensichtliche Gleichzeitigkeit des wirkmächtigen Zutagetretens dieser fundamentalen Zwiespältigkeiten wie einer diesbezüglich unmöglich erkennbaren Einsicht erscheint nun zunächst nur wenig begreifbar, mag jedoch gleichwohl ganz einfach darin einen ziemlich bestimmenden Grund haben, dass namentlich im ausufernden Wirbeln und Wehen der oberflächlich betörenden Wirkungsweisen eines in seinen namenlosen Ausmaßen weit schon und immer noch weiter um sich greifenden graduellen Abstraktionsimpulses manch global etablierter kollektiver Handlungsmuster mit ihrer eigentümlich eigendynamischen Effektivität den eigentlichen Akteuren mehr und mehr die Tatsächlichkeit – und damit auch die kausalen Effekte – ihres Handelns verschleiert und uneinsichtig gemacht werden. Solchermaßen mit einer Vielzahl zierender und zehrender Schleier aus Ich und mich und mir und Wir, aus Wollen und Haben und Könnten und Fortschritt und Mehr noch versehen, entzieht sich der Mensch nicht nur ebenso ungeschickt wie bewusstlos seiner im Grunde doch recht idealen Idee, sondern zunehmend auch seinem eigenen Verständnis und somit der verstandesgemäßen Kontrolle wie jedweden Zugriffs auf sich und nicht zuletzt den vormals allgemeingültig erschienenen Begriffen seiner selbst.

Ein recht konkretes und für jedermann mit ein kleinwenig Achtsamkeit leichthin erfahrbares Ergebnis dieser ebengerade geradezu zu einfach beschriebenen, einer für allgemein erklärten und in unbewussten Schrittfolgen gemeinsam abstrahierten Rationalität wie automatisch folgenden kollektivierten Handlungsprozessionsmuster ist also – so merkwürdig oder bemerkenswert es auch immer sein mag, da dies ja gerade über die mutmaßlich zunehmende Bestimmung seiner Umwelt bewirkt wird – eine so grundlegende wie tiefgehende und weitreichende wie hochtrabende Entfremdung des Menschen von sich selbst, von seiner ursprünglichen Idee und vermeintlich tatsächlichen Bestimmung wie von seiner näheren und sich fortan immer weiter von ihm entfernenden Umgebung, die mithin so weit geht, dass er sich selbst nicht einmal mehr im Spiegel wiedererkennen würde, wenn er denn auch nur noch einmal das Bisschen Geduld dafür aufbrächte, konzentriert den immerfort in unruhigem Suchen umherwandelnden Blick dort hineinschweifen und seinen fortweg flüchtigen Fokus mehr in sich denn in allem anderen ruhen zu lassen; und der allerbeste Spiegel waren, sind und bleiben nun einmal die Mitmenschen, wohingegen ein schon etwas verblichener und ermatteter, doch für gewöhnlich noch zur Genüge klar widerschillernder Spiegel die übrige eigene Umgebung ist, was zumindest für all diejenigen Geltung haben mag, die sich ihrem Handeln in derselben bewusst glauben und verantwortlich sehen.

Wer sich nun aber dementgegen nicht einmal mehr selbst erkennt, noch in seinem Handeln grundsätzlich gewissenhaft verhält gegen die Welt um ihn, dem kann und darf wohl, dem muss vielleicht sogar, ein Bewusstsein, zumal ein bewusstes Sein, vollumfänglich und endgültig abgesprochen werden, obschon genau ein ebensolches individuell immerzu omnipräsentes Bewusstsein – ungeachtet freilich des kollektiven – wiederum eine geradezu wesentliche Bedingung in der vorherrschenden Vorstellung des gegenwärtigen Menschen von sich selbst bedeutet wie das grundlegende Fundament in der ansonsten recht wackelig konstruierten metapsychischen Architektur seines pragmatisch konzeptionslosen ontologischen Projektes – das gleichwohl im vollbewusstlosen Angesicht seiner unerkannten Selbstreflexion vielmehr einer metaornithologisch anmutenden Projektion gleichen mag – wer träumt denn auch nicht gern davon, zu fliegen? –, die ihrerseits gleich einem programmatisch konzipierten Projektil eilends davonfliegt ins Ungewisse, so ziellos überglücklich, allein ob ihres scheinbaren Fliegenkönnens, das wohl kaum mehr sein dürfte als ein lauwehend vergehendes Treiben und bewusstlos säuselndes Gleiten im überwirklichen Wind ihrer Zeiten.

Deshalb ist der Mensch an sich eigentlich auch gar kein echter Akteur mehr, zumindest nicht in dem ihm von sich selbst gegebenen, erdachten und weithin erwünschten Sinn und Maße, sondern vielmehr bloß eine strukturfunktionale Einheit oder sogar nur strukturbegründendes Element einer weit umfassenderen systematischen Dynamik, doch nie und nimmer zweck-, ziel- und funktionsbestimmende Größe, wenn er, wie unter den dargelegten Umständen unumgänglich, zum bloßen Handlanger und fröhlich verführten Vollzugsorgan einer verlockend und bedrängend ihn wie beliebig ein- und aus- wie auseinandernehmenden metaphysisch pseudorationalen Übersinnmaschinerie verkommt, die zwar ihren wahrlichen Grund in nichts anderem hat und haben kann, denn im Menschen selbst, in seinen Bestrebungen und Hoffnungen, seinen Gedanken und Handlungen, in seiner Angst, seinem Sinn und all seinen weiteren Bedeutungsweisen also, in denen sich jeweils abstrakte Konzeptionen der vermeintlichen Vernünftigkeit einer angestrebten Herrschaft über die seinem glückstollen Verständnis unterworfene physische Dingwelt konkretisieren, während er sich dementgegen selbst auf den zerbrechlich dünnen Oberflächen bunter Mannigfaltigkeiten betont avantgardistisch mitsamt urtümlichem Pathos entworfener, kulturtechnisch mit hochästhetischer Raffinesse produzierter und massenmedial gemäß anthropologischer Essenzen inszenierter Sinnwelten immer wieder aufs Neue zu finden glaubt und dabei doch bloß erschöpfend versucht wird und unstet scheinhaft versuchend sich mehr und mehr nur verliert.

Und wer dann aus all der selbstmitverschuldeten Überkomplexität einfach verwirrt nach Einfachheit und Einheit streben mag und zugleich unterbewusst einer einem Über-Ich bewussten subjektiven Finalität im Tun wie im Denken und im Sein erst recht huldigt, dem wird die vermeintliche Befreiung aus den zeitweisen Beschränkungen einer andauernden Gegenwart ebenso schnell ein Zwang zum fortlaufenden Fortschritt, zur fortwährenden Bewegung wie zum abwegigen Weggang von sich selbst, da ja dies allseits bestrebte Selbst im ewiggegenwärtigen Angesicht unhintergehbarer Gegebenheiten weder über einen einzelnen Moment hinaus für sich allein weiterbestehen kann, noch irgendwem erträglich ist oder irgendwie sonst tragbar, geschweige denn überhaupt aufrechtzuerhalten und schon gar nicht begreifbar.

Ein in solch generellem Sinne verallgemeinertes Begreifen gestattet wiederum einen recht universellen Zugriff und wer es vermag, sich eben den Begriffen eines solchen Begreifens zu entziehen, der verschließt und verweigert sich sodann auch dem damit fraglos verbundenen generellen Zugreifen und somit auch, wenn schon nicht allen, so doch den allergröbsten Fremdbestimmungen. Ebendarin ist selbstverständlich auch eine hinreichende Begründung dafür zu sehen, dass vielfach vereinheitlichter Glaube den eingängigen Mustern der kleinkarierten Rationalität eines eins und eins gewichen ist, wovon sich wiederum begierig gleichwie reichlich arrogant ein groß und größer werdendes Ich mitsamt seinem selbstverantwortlichen Eigensinn nährt.

Achtet darum, eine Bitte, meine Lieben, darauf, wie ihr was warum denkt und wieso, denn die Gedanken sind frei – und niemand hegt die Absicht, eine Mauer zu bauen! –, bis die Geschichte mit dem gewagten Gang der Dinge wie im leidlichen Laufe der Zeiten das genaue Gegenteil beweist und eure eigenen Gedanken euch auf logisch unheimlich zwingende Weise zum begrifflichen Gefängnis wie zum unberechenbaren Inbegriff eines ausschließlichen Einschlusses werden und daneben zur abschüssigen Einbahnstraße, aus der kein Entkommen mehr sein wird, noch irgendein Ausweg mag führen, außer der über die absolut konsequente Aufgabe und Auflösung des Selbst – gleichsam ja eine letztbeständige Brücke zum Ursprung wie der immerfort bestehende, wiewohl freilich beträchtlich ungebührliche Notausgang zurück nach vorn zum endgültigen Anbeginn –, denn was zunächst sich als neue Freiheit gebärdet, das kann bisweilen ziemlich schnell eine unerhört alternativlose Zwanghaftigkeit nach ebenderselben Richtung entfalten.

Also sind wir nun alle und leben zu einer Zeit, in der die Lebens-, Erfahrungs-, Handlungs- und Denkräume nicht nur zunehmend nach digitalen Mustern und virtuellen Vorgaben erbaut oder rekonstruiert werden, sondern in der sie dem oberflächlich unfehlbar übereindeutigen Rhythmus einer binär-algorithmisierbaren Programmlogik folgend auch bestimmt immer umfassender vereinheitlichte Netze einer superrationalen Einheit zu spinnen suchen, die sich nicht nur sehr fein und immer engmaschiger um uns spannen, sondern die darüber hinaus auch selbstorganisiert, autonom, mithin gar intelligent und mehr noch bewusst selbst werden in ihrem totalen Zusammenwirken und uns so ganz unentrinnbar geschmeidig einbinden und einweben in die recht oberflächlich betrieb- und wirksame Einheitlichkeit des unausweichlich eigendynamischen Systems einer fügsam ferngesteuerten Logarithmie, das sich unverhohlen anthropologisch anmutender Essenzen gleich einem wohl sehr zweckmäßig seinem ursprünglichen Zwecke entfremdeten Allzweckinstrumentarium bedient, das also als unbestreitbar betrachtete Grundbedürfnisse eines jeden und aller Menschen zur besonders systemkonform berechenbaren Anwendung bringt, um seine eigene sinngemäße Funktionalität – wie natürlich die aller übrigen – zu gewähren und darauf wie darüber so etwas wie Stabilität in einer gewissen – und gewissermaßen sicherlich so maß- wie gewissenlosen – Ordnung der Dinge, die derweil reichlich ungeschickt dahingehend bemüht wird, die Grenzen der Unmöglichkeit eben dadurch zu überwinden, dass sich fortan an ihnen gestoßen wird.

Die Grundlagen alldafür liegen wiederum insbesondere in der Bedeutung der Zeichen gleichwie in ihrer ganz spezifischen Deutung. Und die Zeichen, unter deren augenscheinlich malerischer Bestimmung wir nun einmal leben, sind derzeit nicht mehr als Alles und nicht weniger als Nichts, Null und Eins und nichts dazwischen, eine Welt aus totalen Gegensätzen, auf denen sie gegründet ward und erbaut wird noch weiter, und denen sie vollauf zu entsprechen sucht und deren ganze Wahrheit folglich in einem gemeinen Durchschnitt liegen muss, in der totalen Wahrnehmung einer mustergültig wahrnehmbaren Wirklichkeit, was freilich zu einer Reduktion von Komplexität im Sein und Willkür im Sinn über rein logisch nachvollziehbare Berechnungsweisen beitragen soll; aber wie primitiv muss denn eine dergestalt hemmungslos instrumentalisierte Mathematik zwangsläufig erscheinen, die jedem allen Ernstes vorzugeben bedacht ist, nur mit Null und Eins und weiter nichts rechnen zu können, uns aber auf diese unberechenbar leicht auszurechnende Weise nicht nur die ganze Welt erklären mag, sondern uns dieselbe eben dadurch zugleich auch vollends zu verstehen gibt? Und ebendeswegen, ob dieser übermäßig maßlosen Unverhältnismäßigkeiten, also ausgerechnet eine Welt aus Null und Eins, wobei doch Nichts seinem ganzen Wesen nach gegen das Unendliche hin strebt und zugleich nichts mehr sein kann denn eins, denn was soll mehr schon kommen und weiter noch gehen, wenn alles ist bereits vollkommen?

Durch eine diesem äußerst widersinnig vor sich hingehenden Sinn zunehmend nachfolgende Verlagerung der Genese allgemeingültiger Bedeutungen in ob ihrer hohen Abstraktion so unzugängliche wie unzulängliche Sphären, reihen sich nun zu nämlich ebendiesem Zwecke endlos parallele Folgen vorstrukturierter Verkettungen binärer

Fragen ohne jede von Ja und Nein abweichende Möglichkeit zu einer Antwort aneinander, obschon es doch weit mehr als nur aussichtslos erscheint, ebendort eine Suche beginnen zu wollen, wo lange wohl schon keine Antworten mehr sind, sondern nur unheimlich kunstvoll erzwungene Simplizität, und wo außerdem eigentlich nicht einmal vorsichtige Fragen hätten gestellt mehr werden sollen oder dürfen, da sich ja wohl alles derart leichthin Hinterfragte allein schon ob der prinzipiellen Unmöglichkeit, eine in den beiden extrem zwanghaft vorgegebenen Kategorien halbwegs angemessen erscheinende Antwort zu geben, schlicht seiner mit solcherlei Fragerei bezweckten nach wie vor höchstzweckmäßigen Existenz versagen muss, um zumindest noch mit sich selbst einigermaßen im Reinen zu bleiben.

Und wie daher die anscheinend oppositionslosen Operationen des halb und halbdurchschnittlichen Ganzen allen überdurchschnittlich alternativen theoretischen systemischen Optionalitäten in der Praxis systematisch ihre Geltung verwirken, so wird im allgegenwärtig verschwimmenden Unterschied von fiktiver Wirklichkeit und wirklicher Fiktion beinahe schon der verwegenste Übermut in der hyperrealen Metaphysik alter Mystiker gleichwie die freigeistigsten – oder am freisten umhergeisternden – Weltentwürfe in den frohgemut fliehenden Gedanken revolutionswütiger Avantgardisten – Dystopien hin, Utopien her! – in den halbtransparenten Schatten des oberflächlichen Leuchtens unserer hauchdünnen Realitäten gestellt, oder gleich gierig von denselben verschluckt und sodann integriert in diesen begehrlich wabernden Moloch, den wir heimlich Heimat nennen und gemeinhin unsere Welt und der eines beständigen Mehrs und weitaus mehr noch bedarf, um doch nicht mehr denn seinen baren Schein zu bewahren. Und unter wie über und in den mattglimmend glänzenden Lichtern unserer vermeintlichen Herrlichkeit – der strahlenden Selbstverblendung unserer zuhauf oberflächliches Strukturwerk ohne prinzipielles Fundament gebärenden und mit jedem Mehr nur noch mehr hohlen denn holden oder hohen Vernünftigkeit – schwinden auch mehr und mehr der einst so ewigallgegenwärtigen Zeichen der Alleinheit an uns, um uns wie über uns hin.

Darunter fallen leuchtende Augen, die die wahre Welt erkennen oder im allseits getrübten Lichte unseres Daseins zumindest noch so viel davon, um erahnen zu können, dass es weit mehr noch geben muss hinter, in und über dem Wahrgenommenen, und auch ein feines Gehör zählt dazu, das zu vernehmen mag das ferne Flüstern und lautlos rieselnde Rauschen aus diesem Dahinter, Darin und Darüber, sowie ein graziles Gespür, das all das zu erfühlen weiß wie sich und die Welt gleich sich in der Welt, und freilich noch eine reine Zunge, die jedem verständlich alldavon zu reden versteht. Traurigerweise fällt gewiss auch der Ursinn für die universelle Verbundenheit wie den urtief nur in sich selbst ruhenden Sinn unter diese an wie um und über uns verschwindenden Zeichen, die gleichwohl allesamt ganz natürliche Anzeichen eines allzu bedenkenlosen Fortschreitens sind.

Und wie all dies nun also schon an uns verlorengeht, erlischt und verbleicht vor dem allesüberstrahlenden Mittelpunkt und Grund unseres eigenen Seins Scheins, da vergehen darüber vor allem die Sterne und ihr einst so viel Verständnis und Orientierung spendendes Netz geheimnisvoll hintergründig funkelnder Lichtquellen versiegt und verliert sich im allseitigen Anschein unserer selbstbezüglichen Bestrebungen und ihr ewiges Leuchten erscheint nicht mehr als Meer aus Feuerinseln ferner Zuversicht im unendlich weiten Ozean einer frostkalt ungewissen Finsternis oder als beständig präsente Erinnerung eines über alle Zeiten erhabenen gemeinsamen Bezugsrahmens aller Menschen und Welten, sondern höchstens als verschwommen verschwimmend blinkendes Nichts im bleichenden Lichtnebel all unserer energisch uneinigen Tatkraft und willensstark uneinsichtigen Absichten. Und anstatt an einem Mehr im Sein ergehen wir uns folglich so fehlerhaft folgerichtig an einem Mehr im Haben, das ob seiner grundsätzlich quantitativen Bedingtheit unweigerlich dahin tendieren muss, unsere Wirkpotentiale auf ein rein materielles – und deshalb auch zähl- wie akkumulierbares – Vermögen zu beschränken; und wo einst noch eine gemeine Hoffnung gewesen, da gedeiht drum einzig stark ein Wollen.

So wird das Licht, das uns einst die Möglichkeit zu sehen gegeben und auf diese Weise gewiss von der Dunkelheit befreit, zur letzten Grenze unseres Denkens – und holde Erhabenheit rationalen Überschwangs: sogar zur Grenze unseres Empfindens, wie sich jeder logischerweise Denkende ganz einfach einbilden mag, oder wie er es sich zumindest mühsam einzubilden vermag – und der Geist drängt ob all der erdenklichen – wie wohl gerade ob der so gefühlvoll empfundenen – Potentiale um ihn her nur mehr ruhelos wie berechnenderweise unbehelligt danach, sich von der jeder mutmaßlich höheren Rationalität in ihrer finalen Funktionshinderlichkeit widerstrebenden Körperlichkeit zu lösen, welche selbst schon kaum als mehr denn bloß ein weiterer Zwischenschritt hin zu dieser lichtempfindlichen Grenze empfunden wird, an der sich die Geister scheiden müssen, um ihr Gesicht zu wahren.

Die ach so lästige Biomasse eines jeden materialisierten Geborenseins würde damit endgültig auf dem geistreichen Komposthaufen der Metageschichte zurückgelassen, auf dass künftig vielleicht allein die verwesende Idee ihrer dann nichts mehr denn bloß hüllengewesenen Wesenheiten völlig frei Gedanken nähre, wachsen, gedeihen und sprießen mache und sie in ihrem metaphysischen Vergären der dematerialisierten Nachkommenschaft mehr gebär, auf dass diese darin selbstfruchtbarste Gründe zum Werden erkennen und angeregt von den fauligen Gasen jener exzessiv betriebenen Exorzismen nebelgleich hineinschweben mögen ins Sein und drum herum noch zu denken glauben wollen, ohne doch jemals wissen zu müssen, von wahrhaft leidlicher Leibhaftigkeit.

Und wie der Raum so mitsamt all den ihn so unvergleichlich konstitutiv bevölkernden Körpern seine erste und eigentliche wie beinahe auch schon fast die allerletzte Bedeutung verliert, da verkommt die Zeit zur bloßen Recheneinheit, zu einer ungleich gemachten Größe unter vielerlei Zeichenwerk wie vom Urgrund des Geistes – denn was ist schon etwas ohne sein exaktes Gegenstück, wenn schon die perfekte Welle aller Teilchen Quelle ist? – zur nächsten, wiewohl zunächst abermals nur vorübergehenden Zwischenstufe auf seinem unerreichten Weg in die vollendete Unsterblichkeit eines endlosen Gedankens, wie, wenn und wo ja jegliche Zukunft einzig geworden erscheint zur ultima terra incognita, a very last frontier which our conquistadores más honorables y tan respetables ont déjà conquis à diverses reprises avec tout leur grand courage e com toda a sua razão para implantar nos seus mundos inteiros la semprenuova iperdolce vita semimoderna come una unendlich vorläufige Endlösung.

Halleluja! Heil Hoppla! Heureka!

Wer hat uns gleich noch einmal die Welt erfunden? Jedem das seine und alles für nichts ... wir sind schließlich geworden, Brüder, bis hierhin und nicht weiter, Schwestern, zum Sein, in Frieden, nach Hause, ihr Kinderlein, kometengleich, doch alle, herauf immer, und ewig, beizeiten!

Die Zeit, in der wir leben, kommt nämlich aus den Zeichen, denen wir weichen müssen, um zu sein, weil sie machen, was Bedeutung hat und ist und ihm also den Raum zum Sein bereiten.

Der Raum, in dem wir leben, ist bestimmt von den Zeichen und über dieselben, welche wir ihm und wie wir sie ihm bedeuten und mit denen er anwächst und darüber gar selbst an Bedeutung verliert.

Die Menschen, unter und mit denen wir leben, denken in ihrem globalen Zusammenwirken grob gleich einer halbbedächtigen Maschine im Sinne der Bedeutung der Zeichen, die sie umgeben – und die sie sich geben.

Zeit
bedingt den Raum
und die Zeichen
alles Denken
das ordnet die Welt
die Macht
wer: WIR!
sind und wer: wir
sein können und mögen
und was es bedeutet:
hier und jetzt
sein können zu dürfen:
die Welt
wie nichts
wir sind!

(August 2015)

Von Zeichen und Werten

—

Zur sorgsamen Streitschrift avancierte Überlegungen von und zu Gebrauchsweise, Bewertung, Gegenwert und gegenwärtiger Bedeutung der Zeichen im Sinne eines wohlüberlegt moralisierten Appells der mahnenden Warnung wie der allgemeinen Achtsamkeit für ein bewusstes Verhältnis zu und ebenso gerechtfertigtes wie gerechtes Verhalten in einer über und überkomplex gezeichneten Welt – oder schlechthin ein kleines Lehrstück darüber, wie einer sich in und ob seiner offenherzigen Liebe zu einer verinnerlichten Wahrheit in äußerste Widersprüche verstrickt und darüber allem Anschein nach wie aus einem freien Willen zu einer sehr viel größeren Ordnung heraus die gefühlte Klarheit seiner offenkundigen Gedanken mit bedenkenlos kühnem Wagemut in den seinerseits ausdrücklichst veräußerten Zeichen über alle Maße mit deren eigentlichem Wert verwirrt, um sie schließlich allesamt gleich sich am Ende der welt- wie selbstvergessenen Verirrungen auf den ungangbaren Wegen seiner weitläufigen Ansprüche doch zumindest halbwegs und in manchen Teilen wiederzuerkennen.

Also sah der Mensch sich um wie in den und ob der neuen Formen und Farben, mit welchen er seine ganze Erscheinung gleich all den Bildern und Vorstellungen von sich selbst mehr und mehr versah wie umgab, alsbald genötigt, unter den wegen ebendiesem oberflächlich recht schmucken Betreiben immer bedrängender und zudringlicher werdenden Fragen nach seinem tieferen Sinne, höheren Ziele, genuinen Grunde und finalen Zwecke sowie im erschrocken blassen Angesicht der allüberall aufziehenden Dämmerung der Unmöglichkeit einer ihm wahrhaft eigenen Existenz wie auch und besonders im an und für sich widersinnigen Bestreben danach, dieselbe unablässig so dauerhaft wie augenblicklich zu verwirklichen, einen gar nicht eben unerheblichen Teil seiner ganz spezifischen Befähigungen wie seines gemeinen Geschicks darauf zu verwenden, mithin dafür zu verschwenden oder – vielleicht traurigerweise sogar noch besser gesprochen – dahingehend zu missbrauchen, sich selbst, seine Welt und seine schließlich und endlich alles zusammenbringenden und beieinander haltenden Wahrheiten solchermaßen sinngemäß einem unter seiner tiefsten Einbildungen gewiss recht nobel herausragenden Idealbild nahezubringen, auf dass er nach bester Art dieser unheilvoll zwang- und zweifelhaften Übereinkunft mit jener künstlich provozierten – oder mithin recht kunstvoll heraufbeschworenen – Nähe zumindest noch in schillernd schöner Verblendung und reichlich guten Gewissens sein Leben nach wie vor so unbedacht wie unbekümmert von den hinterrücks weiter und immer weiter heranwachsenden Schatten verleben könne.

Anstatt nämlich wagemutig den auf den freien Fall hinab in die dunklen Schluchten des Tiefsinns folgenden beschwerlichen Anstieg gegen die hochaufragenden Gipfel zu wagen, wo einem geduldig und warm das golden ruhende Licht einer wahrhaftigen Erkenntnis wartet, umgibt er sich lieber ganz bewusst mit der Unbewusstheit einer fahl von falschem Leuchten überzogenen Selbstbehauptung und täuscht so weit über sich hinaus auch noch manch andere mit dem faulen Scheine, ohne den bald keiner mehr glaubt, weder sein noch werden zu können, da er ja sonst nicht und nichts und niemanden mehr sehen könne, noch irgendetwas sichtbar machen, da er ja sonst sich und seine Welt so unbegreiflich wie unbegriffen verlör' im allumfassend undurchsichtig erschöpfenden Dunkel einer allzu ehrlichen Ungewissheit. Er würde schlicht versinken und untergehen in den von ihm zuhauf heraufbeschworenen und dann wie beliebig um und um mit Sinn und mit Sorgen bedachten Belanglosigkeiten seiner vermeintlich so zahlreichen, missverständlicherweise erzwungenen Freiheiten, die jedem dementgegen auch wirklich nur ein kleines Bisschen in echter Freiheit Kundigen vielmehr als karger Kerker der Gedanken und finstres Gefängnis der Gefühle erscheinen müssen denn als zwang- und bedingungslos enthemmte Sphäre von Unabhängigkeit und Selbstbestimmung.

Wie zum vollumfänglichen Schutz des Selbst vor sich selbst weht darum entfacht vom allgemein verinnerlichten Brennen auf ein bedeutsames und überdeutlich sichtbares Ich in der Welt flach, doch rundherum ein überimaginärer Bannkreis illusorischen Anscheins zur steten superfiziellen Selbstverblendung über der ungewissen Düsternis gleich der gemeinen Gewissenlosigkeit über der triebhaft antriebslosen Betriebsamkeit, ein irrsinnig schwerer Kreis aus Lichtern als dünnverschlossene Atmosphäre wider den ewiggroßen Äther, nur um nicht und nichts und nie mehr sehen zu müssen, was ist und wie, wie in einem halben Glauben daran, was doch so alles sein könnte und wohl da auch noch wäre, wenn denn bloß der Schein nicht derart trüge und es stattdessen vollauf gestatte, zu sehen, zu gehen, zu atmen, zu fühlen, zu sein.

So jedoch verkehren sich letztlich die Verhältnisse von Leben und Überleben, von Sein und von Sinn wie von Glauben und Denken aus einer transzendentalen Unendlichkeit in ein allerseits autoreferentielles wie von gegenseitigen Selbstbezüglichkeiten reichlich durchwirktes Aufrechterhalten von Strukturmustern einer materiell verstetigten Sinn- und Bedeutungslosigkeit, wobei die Gegenseitigkeit sich allerdings sehr schnell in gemeinsamer Selbsttäuschung erschöpft, jene Selbstbezogenheiten den eigenen Wesenskern in seinem Grunde verkennen und ein jeder also zunächst nur für sich und sich allein der Schöpfer eines wohl kaum mehr denn unergiebig lauwarmen Selbstmitleids von überexistentiellem Gewicht ist – und deshalb ist ein jeder letztendlich auch aus vorsätzlich freiem Wille das erste, größte und letzte Opfer seiner ihrem Grunde nach so gegenstands- wie halt- und ziellosen Begehrlichkeiten, ein Geknechteter und Gefangener seines ureigenen, von unentwegt gewaltigen Sehnsüchten bewegten Wahns, welcher wiederum selbst in seinen eigentlich überlebenswichtigen Vorstellungen den bloßen Wunsch nach einem selbstbestimmten Dasein mit einem nach allen Möglichkeiten wie in alle Richtungen noch ebendarüber hinausreichenden Sinn gerade ob der ihm ebenso unwidersprüchlich innewohnenden Angst genau davor verunmöglicht, welche ja ununterbrochen so insgeheim wie unheimlich vollbewusst im fahlen Einklang mit jenem flachkreisenden Hoffnungsschimmer falscher Lichter in einem ungezwungen leicht anmutenden Spiele unterdrückt und ab- und ausgeblendet wird.

Und wie eine verzweifelte Suche nach etwas Unauffindbarem und der missgünstige Wettbewerb um Unerreichbares Vertrauen, Zusammenhalt und selbst Zufriedenheit als gewöhnliche Spielarten kollektiver Leitorientierung substituiert haben, so verfliegt in den ziellos bis weit ins Willfährige hineinwehenden Winden einer unaufgeklärt überrational verspäteten Moderne auch das gute Gefühl, Teil einer großen Gemeinschaft zu sein, wesentliches Element eines weit- und tiefreichenden Komplexes, ein Stück vom Ganzen und auf ewig unbedingt Angehöriger eines heiligen Bundes. Nur von sich und sich allein war der Mensch also im Einzelnen wie überhaupt noch überzeugt, wenn auch diese Überzeugung bisweilen kaum mehr schwerer zu wiegen vermochte denn die alloffenbare Verzweiflung über ihr vollbewusst erfahrenes Erleben – und erst recht das ihrer praktischen Unmöglichkeit. Wenn nämlich das ferne Funkeln einer jenseitigen Erlösung vom diffus flackernden Lichtkegel des allgegenwärtigen Strebens nach Glück abgelöst wird, dann lastet bald im allgemeinen Zwang zum ununterbrochenen Glücklichsein die schwerstmögliche Bürde auf solch einer selbsterklärten Existenz, deren höchste Erfüllung sich wiederum in einer erlösenden Befreiung von ebenjenem glückstollen Joch fände, namentlich im schändlichsten Pech, in tiefster Pein, im umfassendsten Versagen und in langwierigstem Leiden. Ebenso würde sich daraufhin notgedrungenerweise alles und jeder nach seinem gewichtigsten Widerspruch hin verkehren – und damit ließe sich nun wirklich so manches erklären.

Doch in derart vortrefflich unvorsichtiger Überzeugung eigener Selbstüberlegenheit von Religion, Spiritualität, weiteren Arten oder

Entartungen des Glaubens und jeglichem andersgehenden Übersinn abgewandt, den Sinn für das gemeine Eine im Namen der vorgeblichen eigenen Vernunft auf Raten hin verkauft, gleichsam höchstbietend verraten und darüber wie in immerzu rasendem Übermut beinahe die eigene Vergänglichkeit vergessend – oder zumindest die aufdringliche Angst davor ins zeitgemäß verschwenderische Verschwinden verdrängt und darum fürs erste zur Genüge schon abgehandelt –, erwächst die Anerkennung einer Wesenheit als lebendig und lebenswert nun aus der hocheffektiven Bezugnahme auf selbstgesetzte Maßstäbe von Rationalität und Kalkulation wie unter bewusster Aussparung einer Berufung auf übergeordnet externe Instanzen mit transzendentalem Vermögen oder womöglich gar universalem Anspruch.

Dabei war doch gerade das unbedingte Vertrauen auf Gott bei aller Schicksalsergebenheit wie den unschicklichen Schikanen seiner realweltlich ausufernden Institutionalisierungsversuche zum Trotz auf besonders eindrucksvolle Weise ein Sinnbild für das Vertrauen des Menschen in seine ewigaußerweltliche Ursprünglichkeit und überwesenseigene Verfassung wie für ein hintergründiges Wissen um seine grundsätzliche Unsterblichkeit, um seine eigene Unendlichkeit und Heiligkeit also, welche der des gesamten Kosmos in nichts nachstehen – über dieselbe aber eben auch in keiner Weise hinausgehen.

Wer sich aber dementgegen solchermaßen unumwunden eigenmächtig durch den bloßen Bezug auf nichts als sich selbst höherer Mächte entledigt und somit der Entfaltung ihrer ohnehin unaufhaltsamen Wirkung offenkundig entgegenzuwirken versucht, der verliert im Mindesten auch moralische Ansprüche und Verpflichtungen im entsprechenden Ausmaß und entfernt sich daher notwendigerweise vom Guten – wie auch vom Bösen. Anstatt die unbestreitbare Erkenntnis um seine ewigen Wurzeln im All nämlich in ehrbarem Gedenken zu hegen, beschränkt der Mensch nun sein Vertrauen auf die so vertraut berechnenden wie vertraulich berechenbaren Kompetenzen seines höchstens in panisch verzagten Mutmaßungen wahrlich annähernd wahnhaft freien Geistes wie auf die damit allseits assoziierten willentlichen wie willkürlichen und womöglich bewussten Anstrengungen, was wohl einer der wesentlichen Gründe dafür ist, dass er auf seiner innigen Flucht in diese scheinbar so wohlbedacht vereinzelten wie saumselig vereinsamten Verlassenheiten auch ganz vornehmlich geneigt ist, zu vergehen an sich selbst wie an seinem alleinigen Rückzug aus der einen Welt in die seine.

So war's denn schließlich und endlich – und konnt's wohl nur sein – die Mär vom Meer vom Mehr gewesen – oder ganz einfach das nette Märchen von nebenan –, die allen eifernden Ernstes wie überaus aufrichtig entzückt vom immerguten wie rundumgerechten Markte derart toll überzeugend zu sprechen weiß und auf diese höchstredliche Weise den in seiner hemmungslosen Suche nach allen Seiten hin so hoffnungsvoll verzweifelten wie hoffnungslos offenen Menschen wieder an eine – und zwar an seine eigene – Zukunft glauben machte und ihn so von seinem ursprünglichen Wesen zu separieren begann, denn durch den mit dem Etablissement marktförmigen Wettbewerbs als übergesellschaftlicher Ordnungsinstanz, handlungspraktischer Organisationsstruktur und allgemeinem Interaktionsrahmen verbundenen Wertematerialismus und entfaltungsgierigen Individualismus entfremdete sich alsdann auch der Mensch in seiner Idee immer weiter vom Ideal der Natur an sich wie insbesondere unaufhaltsam von dem seiner eigenen. Folgerichtig wurden sich auch die Menschen untereinander im Konkurrenzdenken, welches das Gemeinschaftsdenken abgelöst hatte wie die vielfach partikularisierte Eigenlogik eine allgemeine Logik oder eine praktisch professionalisierte Ethik die universale, immer fremder, missverständlicher und unzugänglicher. Ihre wechselweisen Beziehungen rutschten demgemäß rundum bedingt durch akute Sachzwänge wie Wünsche, Verlangen, Bedürfnisse oder weitere Begehrlichkeiten ohne jedwede wirklich universelle

Bindung oder Orientierung von der Ebene empathischer Emotionalität immer mehr auf eine vornehmlich von instrumenteller Effizienz begründete ab, wodurch das Miteinander der Menschen bald kaum mehr von dem der Menschen zu ihren funktions- wie erwartungsgetreuen Maschinen zu unterscheiden war.

So wird der Mensch natürlich im Einzelnen wie im Ganzen grundsätzlich selbst wie und wozu er sich macht, und zwar in diesem sehr gewissen Sinne zum halbwegs berechnenden wie zum um und um berechenbaren Roboter, denn jedes Handeln und alle Interaktion ist demgemäß technisch rationalisiert auf effektivitätsgerichtete Automatismen zwischen zweckdienlich vereinheitlichten Funktionsparametern ausgerichtet, mit einem alldabei in seinen hochfliegenden Mutmaßungen ja so freien Ich als Grund und Ziel und Grenze aller Bestrebungen. Das einstige Miteinander weicht dadurch zunächst einem Beieinander, dann einem Aneinander-Vorbei und schließlich einem mithin unterbewusst mittels der in ihrer performativen Ästhetik unerreichten Kunstfigur kollektiver Effizienz äußerst elegant umspielten Gegeneinander.

In Verbindung mit diesem von den frohen Auserwählten auserkorenen System vermeintlich immerzu wägend distribuierter Gerechtigkeiten alternativlos inhärenten Sachzwängen zu Konsum, funktionaler Selbstoptimierung wie Aus- und Überdehnung von Identität und Persönlichkeit oder gar deren produktiver Projektion auf von konformer Lebensführung wie erwarteter Leistungsfähigkeit abhängig erwerbsmäßig zugänglich gemachte Gegenständlichkeit – was eigentlich für sich genommen nicht eben weniger war denn eine rein materielle Bedingung von Identität, und deshalb deren vollends vergegenständlichte Beschränkung – degenerierte der Mensch von einer metapotenten Idee zu einem sich gemäß dem so unverhohlen wie unbewusst und unheilvoll sakralisierten Wachstumsimperativ mit der Zeit wie unter dem Druck seiner eigens verinnerlichten Gravitationskräfte beständig auszudehnen begehrenden Widerspruch in sich, gewissermaßen zu einer zeitweisen, autophagen Lebensform, zu einem perpetuum immobile, einer unbeweglich auf sich selbst und seine andauernde Gegenwärtigkeit zurückgeworfenen Seinsform, die namentlich trotz und gerade auch wegen all ihrer fixen Widersprüchlichkeiten doch ihre höchste Erfüllung in nichts als sich findet und haben muss, sich daher in und für und mit sich selbst auflöst und um ihrer finalen Vollendung willen zu implodieren hat und so letzten Endes in ihrem begehrenswerten Selbstverzehren eher einem allgierig lodernden Feuer gleichkommt denn irgendeiner komplexeren Wesenheit.

Anstoß, Motivation und Energie für sein Treiben und Tun müssen in diesem Sinne wohl aus der brennenden Gegensätzlichkeit der in seinem Innersten hemmungslos widerstreitenden Spannungsverhältnisse herrühren, mithin also gewissermaßen genährt sein von einer ontologischen Grund- und Hochspannung zwischen einem unverhohlen subjektiven Empfinden und dessen zwangsläufig objektiver Bedingtheit, deren sich glühend aufreibendes Bewusstwerden oder zu ruhmlosen Glutfetzen zerriebenes Bewusstsein im allgemeinen Verständnis so notwendig- wie bedauerlicherweise lediglich mit einem Wahnsinn assoziiert ist, also mit dem sinnlichen Wahrnehmen und vollbewussten Erleben des eigenen Wahns, oder gleichsam mit dem Wahn von einem eigenen, eigenständig und universell unabhängig sinnvollen Leben. Dabei ist die am schwersten wiegende Erkrankung im Geiste der Menschen doch bestimmt nicht solch ein innerliches Glühen nach sinnreicher Vollendung oder sinnbestrebter Beendigung, sondern weitaus eher der Glaube an die Vorstellung von Bewusstsein und Psyche als Ein- und Eigenheiten eines Individuums ohne in ihrem eigenen Grunde irgend weitere kollektive oder gar universelle Ausmaße. In den aus dieser ontologischen Maximalreduktion – ich glaube zu denken, frei, wie ich bin – resultierenden Verwerfungen wurden Subjekt und Objekt unversöhnlich voneinander getrennt, sich gegenübergestellt und bisweilen gar mutwillig vertauscht, wodurch Subjektivität fest mit der Einzelheit assoziiert ward, wo das Ganze darum wie darüber objektiviert erscheinen musste und als unbeseelte Vielheit. Folglich war jeder Einzelne auch mit seinem eigenen Denken, Fühlen und Tun wie mit einer ergebenen Summe lebloser Gegenständlichkeit konfrontiert.

Vermittels der überaus ansteckenden Wirkung derart grundlegender Fehldiagnosen konnte es denn gar gelingen, dass der fröhlich wie froh lockende Fluch einer fortwährenden Steigerung der Steigerung zum allgemeinen Segen geworden, wodurch auch das Drängen hin zum beständigen Mehr vom Mehr vom Mehr, das zu erlangen es ja für einen jeden fortan fraglos gilt gleichwie für alle zusammen, um zumindest noch fortzubestehen und das im wechselseitig bekräftigten Anschein bereits Erreichte weiterhin zu garantieren, zum gebräuchlichsten Beweggrund geworden wie zur demzufolge gängigsten Bewegung, in deren allzu geläufigem Verlauf zudem ganz insgeheim, wiewohl nebenbei recht offensichtlich die Blicke getrübt und abgelenkt wurden von den überaus durchsichtigen Unklarheiten einer verallgemeinerten Ungewissheit; es gelang also in jedem Fall, dass jener hochinfektiöse Fluch nicht nur gleich einem halbdunkel vom unklar diffusen Leuchten seines mutmaßlichen Zieles her überblendeten Schatten unglaublich erheiternd auf dem Menschen zu lasten kam, nein, er begann darüber hinaus seines Lebens Grundlage im Äußeren ganz unverhohlen aufzuzehren und auf vielfach subtilere Weise auch und leise dieselbe in seinem Inneren, und zwar sein urverständnisgetränktes Wissen um die grundsätzliche Einheit alles Seienden im übersinngemäß geschlossenen Kreise von Werden und Vergehen wie auch dasjenige um die tatsächliche Rolle eines Menschen als Wesen zwischen Erde und Himmel, als Mittler zwischen den Welten und Walter zwischen Höhen und Tiefen, als Jäger der Selbsterkenntnis wie als Sammler vielfältigster Erfahrungen und schließlich als Sinngeber der Schöpfung, als Sinnstifter der Schöpfer und selbst als Sinn in sich von zuallermindest halbgöttlicher Natur.

Unter beschämend schamlosem Missbrauch wie in der zugleich vorgeblichen Ahnung eines offenbaren Vergessens dieser seiner unveräußerlichen kosmischen Stellung und aller sich daraus ergebender grundlegender Befähigungen und Fertigkeiten wie nicht zuletzt entgegen allen damit verbundenen Privilegien, Ansprüchen und Verpflichtungen, verrannte er sich allerdings in der utopisch warm antreibenden Vision einer gemeinsamen Verblendung ohne Ziel außer sich, die er mit so vielsagenden wie bedeutungsoffenen Namen wie Zukunft oder Fortschritt und Wohlstand bedachte, vertraute sich im betäubenden Rausche kollektiver Selbstwirksamkeit wie wider jedes besssere Wissen – oder wider jeden besserwissenden Glaube – einer illusorisch wirkenden Utopie an, ordnete sich unbedacht unter die vermeintlich universelle Rationalität eines in vereinter Einsamkeit vorwärts strebenden Gemeinwesens ein und akzeptierte somit auch die ihm dadurch diktierte partikulare Identität des Produzenten und Konsumenten, der zwar gibt, um zu nehmen, und nimmt, um zu geben, doch dabei stets nur relativ bedacht ist auf sich im Hier und im Jetzt und daher im vermeintlichen Bezug auf eine zugleich allgemeingültige wie -wirksame Vernunft so agiert, dass sein eigener Vorteil möglichst ergiebig vom Nachteil des Anderen profitiert.

Diese unabgeschlossen begehrliche und nur noch nach vorn zum Mehr hin offene Teilidentität bestätigt er wiederum selbst ständig kraft seines produktiven wie konsumptorischen Wirkens als profitgenerierender Arbeiter, generöser Teilhaber, steter Unternehmer seiner Selbst und gar nicht zuletzt als über all seinen Erwerb universell Beglaubigter ebenso rückwirkend wie vorsätzlich – und insgeheim auch recht dankbar – in seinem ganzen Tun und Wirken und Wesen, wodurch sich ein überkomplex einfacher systemgenerierender und -aufrechterhaltender Kreis kurz schließt. Die Gemeinschaft mit den Anderen besteht in diesem aufschlussreich degenerativen Moment kaum in mehr denn in der geteilten Hoffnung auf den vorstrukturiert anschwellenden Fortbestand des steten Mehr wie auf die mehr als hochverdient erscheinende Teilnahme und Teilhabe ebendaran, wobei eine Zukunft im ursprünglichen Sinne entgegen all den so umsichtigen Beteuerungen kaum mehr denkbar ist denn das infolgedessen bereits Vergessene.

Über solcherlei implizierte Weisen zu denken und das korrespondierende Handeln erbaute sich also der Mensch für sich Stück um Stück wie im Ganzen überhaupt unzählige eigene Welten, bis er nicht mehr wirklich zwischen seinen beträchtlich an unscheinbarem Umfang gewinnenden Rückzugsträumen eines vermutlich absolut selbstbezogen freien Schlafes mit den ihm ganz eigenen singulär raumlosen Traumwelten zu unterscheiden vermochte und den gemeinsam mit den übrigen Wachenden raumhaft geteilten Weltenträumen mit den vielfältigen psychosozialen Dimensionen ihrer extra- wie interphysischen Realitäten, da ja ein jeder für sich nun kaum mehr gewiss zu deuten wusste, ob auch diese Wachen um ihn an und für sich recht echt waren oder doch höchstens nur so echt wie der flüchtige Zauber des sie mit kontinuierlich ermüdender Erschöpfungskraft hervorbringenden Schlafes.

Dies weder bewusst noch unbewusst irgend mehr wirklich wahrnehmbare und wahrscheinlich gerade deshalb so charakteristische Vermischen, Vertauschen und Verwechseln hält ihn seither – seit dem Moment seines vereinzelten Entschlafens aus der wachsamen Gemeinschaft mit den anderen – zu allem Überfluss wie bei allem Überdruss eingeengt und gefangen zwischen der momentan monumentalen Monotonie lebensweltlicher Überforderung und einer unüberwindbar elementaren Langeweile von weithin einzigartig metaexistentiellen Ausmaßen. Deshalb war er schließlich ungefragt allein, ein jeder für sich, er sperrte sich ein, und es musste so sein, um glücklich zu sein und überhaupt sein noch zu können, denn es galt ja das Objektive subjektiv recht zu empfinden, um die grundlegende Trennung zu überwinden, ein jeder für sich, da jeder sich nun ja zuvorderst selbst nach den besten Möglichkeiten zu erfahren habe, um zunächst leben zu können, allein, und aus all dem Erlebten alsdann sich mit der Zeit – oder wider dieselbe – transzendieren zu können ins ganz gemeine All, ins gänzlich Allgemeine also. Es bräuchte, diesem äußerst gemeinen Sinne weiter blindlings folgend, nur immer mehr vom Ich, um alles sein und alles werden zu können, wie generell zu glauben ja gedacht wurde, und wonach auch so viel und so lange schon ward gehandelt.

Auf diesem vereinzelt sinngemäßen Wege brachte den Menschen zudem die süße Suggestion gemeinsamer Allmacht zusammen mit dem ausweglosen Versprechen auf das Mehr und Mehr und immer noch Mehr fast komischerweise auch wirklich mehr und mehr davon ab, selbst zu denken und eigenständig zu handeln. Statt nämlich in seinem und über sein Tun Eigenständigkeit und Selbstachtung zu erlangen, also gewissermaßen die Grundlage jeder wahrlich autonomen Lebensführung, blieb vom strammen Zuarbeiten gegen eine abstrakt in allem lauernde Zwanghaftigkeit von der ersehnten Freiheit und der mit so viel Zuversicht bedachten Freiwilligkeit höchstens ein resigniertes Gefühl der Leere, was in den seltenen und seltener noch ruhigen Momenten selbstkonfrontativer Reflexion mit einem kräftigen Schrecken sein Innerstes kurz erfüllt bis fast ans Zerreißen und es erbeben macht mit des Gewissens Schwüngen reiner Kraft, die sich gleich einem freien Fall offenbart, welcher sich leicht ziehend im unteren Bereich des Bauches, der figurativen Heimstatt von Gier und Verlangen, bemerkbar macht, und von der hoffnungslosen Verweigerung der Frage nach dem wahren Sinn herrührt und kündet, aber zumindest einmalig zum bewussten, tiefen Atemholen anregt, das ein Weiterleben unter diesen Umständen erst ermöglicht und in seiner simplen Suffizienz auch auf ungewohnte Weise eine bei all seiner Urtümlichkeit beinahe angenehm wohlige Betäubung mit sich bringt, die jedoch so schnell wieder vergangen und vergessen ist, wie ausgeatmet.

Selig jedenfalls, wer bei alledem noch bewusst sein kann und einen ruhig- wie tiefgehenden Atem sein eigen nennen darf; selig vor allem, wer noch mit gutem Gewissen die Augen schließen kann und dabei nicht die qualvollen Schreie des allseits korrumpierten Schweigens gegen die Ewigkeit vernimmt; selig dazu, wer noch schlafen kann und wirklich träumen, ohne die ehrliche Furcht, sich dabei unwiederbringlich zu verlieren; und selig auch, wem nicht, nachdem er die Augen dann wieder geöffnet und wachend vor den Spiegel hingetreten, ein fratzenhaftes Zerrbild seiner gequälten Seele mit angstgeweiteten Augen hilflos flehend entgegenblickt, die unsägliche Bitte um irgendein Ende unausgesprochen furchtsam auf den zitternd dünnen Lippen führend. Der Wahnsinn bleibt in diesem selbstentstellten Angesicht die letzte Form von reinem Verstand inmitten der eigentümlichen Verrücktheit durch und durchkapitalisierter Welten, wo der Unterschied zwischen innen und außen ebenso an Wahrnehmbarkeit wie an Relevanz verliert, gleich dem zwischen Schein und Sein, zwischen Seelen und Segeln, Wind und Überwindung, Wollen und Können, Wert und Vermögen, Sollen und Dürfen, Wissen und Handeln, Denken und Fühlen, Wachen und Schlafen oder Erinnerung und Erwartung.

Nun stellt sich freilich ob all der hierbei wirksamen und sich auch noch wechselseitig verstärkt bedingenden autodestruktiven wie eigendynamischen Kraftkonstellationen, welche aus dem Schein wie den Zeichen der neuen Menschen sich so erhaben erheben und ergeben haben, für all diejenigen, welche von einem unzufriedenen Bewusstsein gezeichnet sich sehen, die bezeichnend abschließende Frage danach, was denn zu tun sei, wie auch die diese zumindest insgeheim begleitende Frage, ob denn die vielen im Kollektiv zum bloßen Funktionseinerlei verkommenen Leutchen letztlich wie alles in allem nicht wirklich doch ein höheres Glück – wenn auch vielleicht ein weit mehr systematisch erzwungenes und viel weniger wirklich wahrhaft erfahrenes – genießen dürfen, als jene scheinbar verschwindend

Wenigen es können, die wahrlich noch suchen und unter der unwahrscheinlichen Erkenntnislast schon so weniger bewusst erlebter Momente wie von deren so beeindruckend eindrücklicher Erhabenheit erdrückt zu werden stete Gefahr laufen auf ihrem Weg, wie sie in mutiger Aussichtslosigkeit und mit mutwilliger Entschlossenheit immer und immer wieder wider die zur ungemeinen Unbeweglichkeit erstarrte graue Selbstverlorenheit einer von sturer Orientierungslosigkeit zur wütenden Abstinenz verdammten Masse anrennen, die im traurigen Glück ihres eigentümlich monochromen Dunstes dem unweigerlichen Ertrinken ebendarin erschreckend teilnahmslos entgegentreibt, ihrem weit weniger als halbbewussten Vergessen nämlich, so ergeben, im schönen Schein des falschen Lichts mit all seinen farbvoll-frivolen Versprechungen, die dünn sich und grob auf das große Dunkel legen wie angstgetrieben schlechte Lügen auf unbequeme Wirklichkeit, verlogen anschmiegsam wie fauler Tau und frischer Schimmel, oder schleierhaft verschwommene Filme von Regenbögen alten Benzins auf die schweren Wogen hoher See, wenn diese auch noch so gern im halblichten Spiegelspiel mit einer sichtlich betrübten Sonne sich verlieren mögen.

Ein einziger kleiner Funke kann wohl schon ausreichen, ein kurzer Gedankenblitz mag vollauf genügen, um dem reinigenden Feuer der Wahrheit seinen zündenden Anstoß zu geben, diesen zierlichen Teppich der Trennung hinwegzufegen, diesen Vorhang aus Verschwendung, Verlogenheit, Vergeudung und Verblendung zu heben, das eigentliche Sein des Scheins zu entlarven und ein Licht zu entfachen, das jeder Sonne Ehre machte, denn nur die spontane und momentzerreißende Glut eines tief und ehrlich brennenden Gedanken Feuers kann die falsche Wirklichkeit als solche brandmarken, sie gleich schwerem schwarzem Rauche aufsteigen lassen und darüber ihre Tatsächlichkeit den aufrechtwehenden Himmeln als ein einmaliges Opfer nahebringen, das eine weitere Stufe zu neuen Ebenen der Erkenntnis wie der Existenz freimacht.

Und all diese kleinlichen Zündeleien sind nun wie jedes übermütig allgemeine Brandstiften allein schon deshalb so bitterlich nötig, weil wir's unbedingt so mögen wollen. Wir möchten nämlich alles, sein und haben, weil wir so sind, wie wir's brauchen, und nichts anderes kennen, noch können, denn wir sind so erwachsen, verzogen erzogen, dass wir alles wollen mögen, was möglich ist und uns scheint, und viel mehr noch für uns. Wir wollen der Wirklichkeit ganze Wahrheit erfühlen und unsere höchsten Gefühle so faszinierend wie verführerisch verwirklicht wissen, das Ewige für uns zugänglich machen und uns ebendort unumkehrbar verewigen; wir befeuern in unserem brennenden Verlangen eine fortwährende synästhetische Explosion und wollen diese mit dem ganzen Wissen um die Welten vereinen, die uns gleich schmecken wie bunteste Klänge, in Farben laut spüren, auf Gerüche süß schauen und nach Formen rundlich riechen, um schließlich dorthin zurückzugelangen, wo alles begonnen, und alsdann mit allem dort zu beginnen aufs Neue – und ganz nebenbei wollen wir all unsere Träume erfüllt und erlebt haben, sie alle in eine je eigene, ewigbeständige Welt übersetzt wissen, wie sie sich schon jetzt unentwegt auf Schritt und Tritt so verheißungsvoll schönsprießend am Rand unserer Wege blumengleich erhoben mit der frohblühend duftenden Hoffnung auf einen endlosen Frühling im Sommer. Wir fordern also nichts weniger als Alles – und verlangen zugleich alles außer nichts!

Auf die alt- und ausgediente Sintflut hat daher schlechthin sinnentbrannt gleichwie glühend wohlgemut eine Art von neuerlichem Sintfeuer zu folgen. Auf dies wird dann, nachdem die Elemente von Wasser und Feuer ihre feinsäubernden Kräfte im heißbeißenden Dampf ihrer Zusammenkunft verwirkt haben – und so Gott uns noch will –, ein reinigender Wind aus den Himmeln her zu fegen kommen, Asche, Rauch und Wasser zu verwehen, wo zu guter Letzt nur mehr Erde überbleibt als finaler Bezugs- und Rückzugsraum der Existenz, von allem Sein und Werden wie von Denken, Fühlen und

Handeln. Aus vier Dimensionen wird alsdann so rasch deren eine, wie eine wirkliche Komplexitätsreduktion erst einmal konkret praktiziert und praktisch ernsthaft realisiert wird. All dies so konsequent gemacht wie gedacht, sind Wasser und Feuer wie Luft und Licht im Himmel dann nicht mehr und all sind wir und ist unsere Welt, die Welt, die wir sehen und auf der wir gehen. Auf geht's daher unverzüglich, vom Kopf auf die Füße der Erde und den strammen Blick immerfort geradewegs voraus, bis der erste Funke übergreift von uns aufs All, bald um sich schlägt nach überall, und wir endlich unaufhaltsam verglühend alldarin aufzugehen anheben …

Stopp nun doch und halte ein! Bei so viel Hass und aller Liebe: genug der ekpyrotischen Versprechungen, die Licht nur frei von Schatten kennen und weltentbrannt die Hoffnung flackern sehen im allerletzten Mittel. Zuviel auch schon der allzu wohlversprochenen Luft- und schwammig-trüben Wasserblasen halbfluider Regenmacher, die selbst bei aller Trockenheit ihrer überhitzigen Beweisverführung noch Dammbruch erleiden mit den kataklysmischen Verschwemmungen ihrer unnachgiebig unergiebigen Gedankenflüsse, deren kakophoner Kanalisierung sie allen nur erdenklichen Raum gewähren mögen, auf dass zu ihrem reichlichen Ruhme selbst einem erwiesenermaßen toxisch verklärten Strömen der freie Weg bereitet sei, auf welchem richtungsweisend Fegefeuer fackelgleich knisternd im hohlen Wind der Marschmusik ihrer frohgemuten Worte aufflammen, um sodann einen absoluten Neubeginn ohne Verstand noch Schuld oder Tränen mitten aus dem Ungewissen heraufzubeschwören; und zu diesem wohlfeilen Wiegenfest der verbitterten Früchte ihrer unreifen Gedanken stimmen sie noch beim selbstgefälligen Erklimmen ihrer so hochaufragenden Tonleitern Grablieder als Begleitgesänge an, die im vielversprechenden Einklang mit ihren nimmerverstummenden Unstimmigkeiten wahrscheinlich derart höchstverwegen hoffnungstoll schon wohlklingendste Namen erfinden dem totgeweihten Ungeborenen.

Nochmals: Nein! Da all das nichts mehr denn grobverzierter Zeichenschwindel und veritabler Wörterwahn, inhaltsfreie Formgebilde überheblich großen Druck- und trostlos selbstverlogenen Trickbetrugs mit undicht flauen Argumenten, ein oberflächlich seichter Sinnenschwund und unleidlich wütend verbalisiertes Fehlbetragen, welche der manipulativen Manie wie dem manischen Manipulationsdrang halb sich durchaus selbstbeherzt ihrer eigenen Schuld bewusster und zur anderen Hälfte vollauf misslich unbewusst abwegig flanierender Weltenwandler entstammen, die sichtbar nur verändern wollen, doch das dafür um jeden Preis, auf dass sie der Wirksamkeit ihrer Wirklichkeit gewiss und bewusst wohl sich schätzen dürfen. Warum denn sonst auch all die Sintfluten und -feuer, wo eine reine Sinnflut wär' Feuer schon wahrlich genug, so sie nur recht bedacht entfacht von zündenden Gedanken wie mit der richtigen Zeichen Deutung Funken Werk!?

Traut also den schönsten Zeichen nicht, vertraut nicht ihrem oberflächlich schillernd schönen Scheine noch ihrer pathetischen Profilierungswucht oder dem mythisch anmutenden Wohlklang ihrer anmaßend hochfliegenden Provenienzen, mag dieser auch mit seiner vorgeblichen Melodie einer urtümlichen Harmonie zu entsprechen sich in höchsten Tönen anschicken; diese Zeichen schreiben nämlich in ihren himmelsstürmenden Ambitionen schlechthin fest, was tatsächlich zeitlos in unbegreifbarer Bewegung sich befindet, und müssen daher in ihrem aussichtslos unheil- wie anspruchsvollen Vorhaben von Beginn an ganz einfach scheitern; vertraut ihnen also nicht, sondern hört stattdessen vielmehr auf euer ehrliches Gefühl, traut der nur euch gewissen inneren Stimme, die mit Urvertrauen zu euch spricht und deren tiefstimmige Resonanz die hohen Klänge des wohlfeilen Wortschwalls falscher Prophetie genau dort untergräbt, wo jene, welche armseligst in ihrer bedauernswerten Not sich selbstgemachte Zwischenwelten schaffen zwischen ihrem unduldsamen Unvermögen und einer allgemeinen Unmöglichkeit, ihre zwanghaften

Freiräume sporadisch schnell mit dem in sich geschlossenen Sinn fixer Ideen zu füllen suchen und sich danach orientierungslos in den eigens kreierten Räumen zwischen den Welten vergehen, dabei sinngemäß ans werte Gefühl zu appellieren versucht sind, aber schließlich keinen anderen Ausgang mehr finden für sich, denn unbedingt Interessen vor und in wie um und über jede Erkenntnis zu stellen.

Drum hört nun auf: Wer kann denn ein Himmel sein, zur Hölle, wer? Wer dazwischen Erde noch und dazu Wasser, Feuer, Luft mit Rauch und Sonne, Schein? Wer Funke, Licht- und Schattenflug? Wer vermag es denn – wer außer uns? Wir, die wir die Welt in Zeichen bannen, sie zwischen uns und uns mit Sinn bespannen und findig festzuschreiben suchen, damit sie uns gefügig wird, zugänglich, selbst verständlich, weit und offen wie ur-, greif-, nutz- und auch behandelbar, ja wir, denn nur wir können doch der Himmel sein mit Wolken, Luft und allen seinen Winden. Wir müssen Wasser sein, Strömung und Wogen, vom Grund bis zur Gischt. Wir dürfen auch noch Feuer sein, heiß vor schwelendem Begehren und glühend einzig wohl in sich. Und wir sind die Erde, mit Höhen und Tiefen, mit Höhlen und Riffen, sind ihr Kreatur und Kontur, das Licht wie sein Schatten, das All und all das, was mehr wir noch wollen.

Die Luft sind wir, sobald wir atmen, allein wenn wir den Wind schon fühlen, sind Feuer doch mit unserer Gedanken und Gefühle Brennen, wie wohl wir unsere Wärme spüren, sind mit jedem Schritt die Erde, die wir unter uns bewegen, wie wir sie sehen und ihre Räume weit mit unserm Blick erfüllen und sie so in jedem Augenblick stets neu entstehen machen, sind Wasser, wenn wir trinken, weinen, schmecken und mit jedem weiteren Schlag unseres tapferen Herzens, wie wir so schwimmen im All gleich all dem Blut, das so warm uns pulsierend durch und durchströmt. Im Blicken und Bewegen verbinden wir die Welt, sind mit Gedanken, Herzschlag und Gefühlen die Schnittpunkte, an denen sie zusammenhält, auf dass sie nicht sofort zerfällt, in ihre namenlosen Teile geht und unter dann im Strom der Zeit – und wir gleichwohl samt ihr darin.

Stellt es euch doch nur vor und folgt den unveränderlichen Zeichen, die eurer inneren Stimme als verstandesfrei urverständliche Sprache sind geben, und macht euch darauf daraus die Welt: ob Punkt und Kreis, ob Spiegelstrich und Kurvenzug, ob gittriges Matrizenmuster, ob rechtes Eck und Achsenschwingung, Sichelscheibe, Bogenkrümmung und Oval, Spiral, Fraktal und exponentieller Wellengang, exponierte Ziffernfolge und geheime Letternreih', alle sind sie an der gestaltlosen Urform orientiert, die weder vieldimensionale Figuren kennt noch dimensionslose Leere, wiewohl sie all diese immerzu in sich vereint und zugleich ihr mustergültiger Quell ist, aus dem all die Farben, Formen, Töne und Aromen gleich einem lustvollen Verlangen nur so kraft-, geschmack- und klangvoll sprudeln in die Welt hinaus.

Nun jedoch – so weit, so schön, so gut –, bei alledem, was weiter tun? Wer, was, wie und wozu soll einer sein in einer so gemachten wie gedachten Welt und wonach darin handeln? Um nämlich zum Sein an sich zu gelangen, da gilt es zuallererst, ein Bewusstsein für sich und sein Handeln zu erlangen, um so überhaupt erst eine Grundlage für die Möglichkeit einer annähernden Selbstbestimmung zu erhalten – und für weit mehr noch. Dies gilt freilich auch und erst recht, wenn und weil es ebendieses Bewusstsein letzten Endes unvermeidlicherweise immer im Sinne einer absoluten Überwindung oder einem endgültigen Vergessen gleich zurückzulassen gilt. Wer sich nämlich zunächst von fremder Bestimmung emanzipiert, so über Selbsterkenntnis die täuschend echte Verunsicherung verlässt und aus seiner mutmaßlichen in eine mutmaßlich tatsächliche Realität zurückfindet, zum Handeln ermächtigt und schließlich aus seiner bloßen Existenz heraus, aus seinem vollgegenwärtigen Vorhandensein, eine Fähigkeit zur metastrukturellen Gewalt erlangt, der mag in wachen

Momenten sehr wohl erkennen, dass jedwede Art von Souveränität oder Autonomie immer auch nur die einseitig positivierte Interpretation eines vollauf dialektisch bedingten Fremdsteuerungsverhältnisses bedeutet, das im besten Falle angeleitet ist von einer wie auch immer bedachten Moralität, im schlimmsten hingegen einzig von seiner übergegenwärtigen Mortalität. Das Leben wie der Mensch sind somit ein steter Balanceakt zwischen Hoffen und Bangen, wie Werden und Vergehen werden und vergehen, ein metasynaptischer Seilzug akkumulativer Erkenntnisnetze aus beständiger Erfahrung Zwängen über den steilabfallenden Abgründen des Seins, hochgespannt im ewigwährenden Kreis zwischen allem Anfang und seinem unbedingten Ende.

Um aber im konkreten Falle – oder vielleicht doch eher in der konkreten Falle – unserer Zeiten eine wirkliche Befähigung zum Wahrnehmen, zum Handeln und Gestalten zurückzuerlangen, gilt es zunächst unser Wollen von jeglichen langen Belangen zu befreien, also vom Verlangen ebenso wie vom Bangen. Und wie darob die unsichtbaren Hände des logischerweise zumindest hintergründig alles durchwirkenden Marktes zum Tragen kommen, wie, wenn und wo sie allerseits so bedrohlich wie lockend über uns erhoben sind, unsere sehnlichsten Wünsche hingebungsvoll zu erfüllen und kalt uns dann drängend und beschwerlich auf der Schulter zum Ruhen kommen, alsbald zum finalen Würgegriff anzuheben, so käme beinahe die Wiederkehr martialischen Rechts zu neuen Ehren, denn Dieben ward dereinst – und wird es bisweilen noch immer – schlechterdings die Hand abgehackt, welche ihnen gemeinhin das unrechtmäßige Betreiben erst praktisch ermöglicht.

Wie nun allerdings unsichtbare Hände abzuhacken – oder wenigstens zu fesseln – sind, das ist in diesem sehr speziellen Falle zumindest annäherungsweise über deren je tatsächlich handgreifliche Beweggründe zu erklären, nämlich die eigentlichen Motive des stichhaltigen

Begreifen-Wollens ihres an sich so willfährig begehrlichen Habhaftigkeitswahns, welche ziemlich unzweifelhaft – und damit unziemlich zweifelhafterweise – bei denjenigen zu suchen sind, die ihnen ein gedeihlich wünschenswertes Auskommen ermöglichen und zwischen denen wie über die hin ein Markt sich umschlagsplatzend aufspannt, um umsatzfreudigst in wahrlich warenverkehrter Manier – oder Manie – seine vermeintlich vermittelnde Funktion für diejenigen zu vollführen, denen er doch im engbegrenzten Rahmen seines wunschkonforme Bedürfnisse begehrlich befriedenden Daseins wie nebenbei den Status eines Akteurs – aber mutmaßlich wohl vielmehr den eines sprichwörtlichen Handlangers – verspricht und bedingt auch zugesteht, und das sind nun einmal mehr unbestreitbar wir, womit wir fast schon wieder beim Ausgang ebenjener Frage nach den gnädigerweise bloß zu fesselnden Händen wären und damit gleichsam bei deren notwendigerweise selbstbeschränkenden Konsequenzen, welche nämlich um einer eigenen Selbstermächtigung willen eine konsequente Selbstbeschränkung verlangen, denn es sollen doch nicht wirklich Gier und bloß Wollen, nicht Angst und Haben, nicht Mehr und Mehr und immer Mehr sein, die uns anleiten sollen, wie sie jenen Markt herumtreiben – das chimäre Chiffre unserer gegenwärtig geteilten Werte wie der gröblich feinjustierte Gradmesser für allgemeingültig erklärter gemeinsamer Bestrebungen – und er somit zur Zeit auch uns so keuchend scheuchend vor sich her, sondern allein wir uns selbst! Der Mensch an sich ist nämlich schön und Zweck genug für sich und alles mehr!

Sucht also und daher, meine Lieben, nicht nach Wahrheit, Sinn und Erkenntnis in den Dingen, sondern macht euch zuvorderst die Zeichen selbst Untertan, die eben die Welten und Oberflächen der Dinge so zahlreich bevölkern, indem ihr sie eurem Verständnis beibringt und es euch durch die ihnen über die hiermit assoziierte Sinngebung zukommende Bedeutung erlaubt, auf Welt wie Dinge zuzugreifen, sie zu begreifen, indem ihr in eurer konsequenten

Bedeutsamkeit die Dinge macht, aus deren substanziellem Zusammenspiel und -wirken dann erst jene Welten erwachsen können, die reichlich Sinn und viel Zweck für euch in sich haben. Versichert euch also und daher der wohlverstandenen Dienstbarkeit der Zeichen, denn aus deren privilegierter Deutung spricht unmissverständlich eine überbewusste Macht, die jedem tief ins Bewusstsein dringt, der ihr begegnet. Und zwar ist dies die Macht, die macht, dass einer macht, weil es ja ist, wie es ist und gar nicht anders sein kann – oder zumindest genauso erscheinen muss –, auch und vor allem ohne jeden weiter ersichtlichen Grund; es ist dies also die Macht, die dem Gang der Dinge wegweisend seine Schrittfolgen zum vorgegebenen Ziel hin diktiert.

Die Zeichen sind die Grundelemente aller Kommunikation gleichwie der Rahmen aller Bedeutung und sie begründen somit den Über- wie den Unterbau allen Zusammenlebens. Kommunikation wiederum ist wechselweise zweckgebunden instrumentalisiertes Zeichenwerk mit einer inhärenten und je in sich definitiv festgelegten Einigkeit hinsichtlich einer intersubjektiv als objektiv ausgewiesenen und somit gleichsam für wahrhaft erklärten – und daher im Allgemeinen auch dafür gehaltenen – deutsamen Logik, die ihren angeblichen Definitoren eben über diese gemeine Art der bestimmenden Verfügung bis zuletzt noch viel wirklich wahnhafte Freiheiten gewährt gegen jeden nur so Berufenen.

Wer also über Zeichen und darauf Bezug nehmende Kommunikationsweisen den Raum gleich allem Sinn zwischen den Menschen von Grund auf bestimmt, der herrscht und beherrscht auch, denn er eliminiert gleichsam das Individuum und seine einem vermeintlich freien Willen entstammende subjektive Lebenswelt durch die Etablierung einer ihrem Wesen nach universellen, von Zeit wie von Raum unabhängigen – weil sie vollends bedingenden – Zeichenwelt, welche den Unterschied und Widerspruch zwischen reiner Information und ihrer bedeutungsgenerierenden Symbolik wie den zwischen Sinnproduzenten und Trägerelementen aufhebt, überwindet und bereits im Erkennen verunmöglicht, wenn und weil sie eben ihren Sinn als einzige Bedeutung an und um und in sich trägt.

Der Mensch meint sich daher selbst in dem ihm bekannten – und also von ihm verstanden geglaubten – Zeichenwerk zu erkennen, entsteht so eigentlich auch erst und verschwindet daraufhin gleich wieder in der äußersten Überforderung und verinnerlichten Überhöhung der ihm aufgezwungenen, zutiefst symbolträchtigen Zeichen, denen wiederum gerade in unseren Zeiten eine zweckgemäß bedeutungsschwere Eindimensionalität auferlegt wird, die folglich auch den Menschen einmalig reduziert auf externe Zwecke, wennschon sie ihn zugleich zu einem universellen Unikat hochstilisiert, indem sie ihm fortwährend die undurchsichtig fabelhafte Illusion seiner überweltlichen wie weltbewegenden Einmaligkeit vor die bedeutungshungrigen Augen führt.

Und deshalb sollten, ach was, müssen wir eingedenk der Monotonie aller Intoleranz eine revolutionäre Interpretation der altgewachsenen Traditionen wagen, um der Allgemeinheit eine wirklich wertgebundene – oder vielleicht gar an wirkliche Werte gebundene – Bezugsrealität zur Orientierung ihrer Handlungen anzubieten, wobei Werte mehr einem transzendenten Ideal und universellen Ethos nahezukommen haben als dem, was heute oftmals als allzu konkret greifbarer Besitzwert verstanden, gehandhabt und zuvorderst gehandelt wird. Die Bezugsebene für das Handeln soll über das rein Materielle wie dessen oberflächliche, effektivitätsheischende Funktionszwänge hinausgehoben werden und damit gleichsam der Mensch aus seinem solchermaßen bedingten Dasein bedingungslos entgegen einer unbedingten Ewigkeit hin transzendiert; also wird zwar Nietzsches wohl viel wohler gesprochenem denn wohlgemeintem Sarkasmus von der schönen Idee eines neuen – im besten Sinne eines wahrhaftigen –

Menschen in gewissem Sinne Folge geleistet, obgleich hier der Mensch an und für sich derselbe bleiben wird, wenn ihm auch in seinem neuen Selbstverständnis die Welt um sich gleichwie er selbst in einem völlig anderen Lichte erscheinen wird, das einen tiefen Blick hinter die Dinge erlaubt und im Spiegel nicht blendet.

Also Übersinn statt Übermensch, und darum sollen und müssen wir eigentlich, schon weil wir's doch können, anstelle der derzeit waltenden Kräfte wider, für und über uns und die Welt wirken machen und lassen: Dankbarkeit statt Stolz und Hochmut, Achtsamkeit statt Forderungen, Offenheit statt Selbstbezug, Verzeihung anstelle all der Eitelkeiten, Momentgenuss statt Zukunftswahn wie Zufriedenheit anstatt Erwartung und Erinnerung statt Einbildungen; darum wie darüber eine grundsätzliche Akzeptanz des Unverstandenen anstatt seiner kontinuierlich unausgewogen abgeneigten Einschüchterung sowie gern auch geistreiche Anstrengungen anstelle situativ-emotionaler Reaktivität, solange doch im Ganzen noch Gefühle vor der Vernunft einwandfrei bevorzugt sind wie Liebe an des Wollens statt zu wirken kommt und daher eine Gemeinsamkeit für all die Einsamkeiten ermöglicht.

Denn aus dem Gefühl, mit dem wir – ob nun zusammen oder vereinzelt, gemeinsam oder allein – der Welt begegnen, daraus wird sie auch uns entgegentreten und sich offenbaren. Und aus dem, was wir also aus unserem Innern veräußern und was wir von der Außenwelt verinnerlichen, aus dieser unverzichtbaren Wechselbeziehung erwachsen rundherumkreisende Formationen und aufrankende Formalismen wie grundlegende Haltungsweisen, auf und in denen und um die herum wiederum unsere Welt erst wirklich entsteht und gedeiht, weil sie dort und ebendarin wurzeln kann, mit allem, was wir waren, sind und haben, werden wollen und können. Diese Haltungen in wie zur und für wie gegen die Welt sind daher auch mitsamt ihren zahllosen Assoziationen bestimmend für das Zeichenwerk, vermittels dem wir unsere gemeinsame Welt erbauen, wie ganz im Besonderen für dessen Wahrnehmbarkeit und Wahrnehmung selbst. Und so ist die Welt, wie wir sie machen, gleich uns und den Dingen in ihr, die allesamt nur vom Denken abhängig werden können und sein, zumindest soweit es ihre Bedeutung für denjenigen anbelangt, der nach solch einer Art zu denken zu wissen glaubt.

Daher ergeben auch die Geschichten, welche wir uns alltäglich mehr oder minder bewusst gegenseitig vorgeben, aufbereiten, erzählen, aufbieten und vorleben, in ihrer narrativen Totalität, mit all den ihnen je eigenen Bildern, Figuren, Darstellern und Rollen, Bühnen, Szenerien und Szenarien, Hintergrundkulissen, Nebenschauplätzen, Perspektiven und Darstellungsweisen, Zuschauern, Besuchern, Passanten, Schaulustigen, Wegsehenden, Beleuchtungs- wie Erleuchtungsweisen, Verortungen, Dekonstruktionen, Anspielungen, Ableitungen, Bezugnahmen, Entlehnungen, Verfremdungen und nicht zuletzt mit ihren Symbolen, zusammengenommen unsere gemeinsame Normalität wie deren für uns ach so große Bedeutung, und damit begründen sie ausgehend vom Epischen und Fabelhaften übers Tragische, Dramatische, Lyrische, Balladenhafte, Komödieske und Satirische hinwegführend bis weit ins banal Deskriptive hineinreichend unsere Heimat im Sinne einer wohlvertrauten Welt, zu der wir zugehörig uns fühlen dürfen und in der wir nicht mehr auffallen, denn wir wollen. Heimat ist in diesem Sinn – dem Paradies ganz gleich wie der Hölle – ein fortwährender epistemologischer Akt bedeutsamer Selbstvergewisserung mit kollektiven wie individuellen Ausmaßen und Anmaßungen, ein narrativ assoziierter zeichensystemischer soziosymmetrischer und komplementärpsychologischer Komplex, der – ganz gleich uns selbst – beständiger Bestätigungen, fortlaufender Verknüpfungen und andauernder Erweiterungen bedarf, um einzig selbstgewiss weiterzubestehen.

Heimat ist daher eine jederzeit zugleich weitererzählte und umgedichtete wie anderweitig fortgeschriebene Geschichte von unserem Sinn –

oder von all den Dingen, an welche wir in und mit unseren Sinnen heranreichen –, die davon handelt, wie jener sein soll für uns und wie er dementgegen nun gerade wirklich ist oder uns zu sein zumindest scheint, jedoch keineswegs ein geographischer Ort, sondern vielmehr ein Gefühl, und sie kann deshalb auch weder verloren gehen, noch wirklich besessen, besetzt oder zerstört werden und schon gar nicht kann einer dauerhaft daraus vertrieben werden. Heimat besteht und entsteht in ihren kollektiven wie individuellen Dimensionen über Wissen aus Bedeutung und Gewissen wie in Erinnerung und Praxis, welche wiederum allesamt auf Zeichenwerk beruhen und sich um ihrer wie auch immer ausgestalteten Zwecke willen darauf berufen. Alle drei – Zeichen wie Wissen und Gewissen – gründen dabei ihrerseits ganz grundsätzlich und notwendigerweise auf einem ziemlich ursprünglichen Glaube, welcher sich jeweils auf eine ganz eigene Art entfaltet und mithin praktisch ganz einfach darin äußern mag, dass wir die Dinge eben so annehmen, wie sie uns erscheinen.

Wir müssen in diesem Zusammenhang, um zumindest einigermaßen ehrlich sein zu können, stets wohlbedenken, dass wir uns unsere Geschichten auch immerzu erdenken, um all die Tatsachen zu überspielen, die sich unserem verwöhnten Verstehen und begehrlichen Begreifen wie den gewöhnlichen Begriffen unseres Verständnisses entziehen – oder deren bestehende Existenzen und existentielles Bestehen wir schlicht nicht hinnehmen können und wollen, da wir uns andernfalls nur selbst gefährdeten. In diesem Sinne gilt es auch und gerade den Teilen unserer Geschichten besondere Aufmerksamkeit zukommen zu lassen, die mehr oder weniger bewusst ausgelassen, gekürzt oder verschwiegen werden, auf jeden Fall aber nicht vollständig erzählt, obschon sie sicherlich dazugehören.

Ein auf diese diskrete Weise vermeintlich einfach hervorgebrachtes, nominell vereinheitlichtes und hypothetisch auf eine gemeinsame Einheit bezogenes Welt- und Menschenbild mag zwar irrsinnigerweise gerade in Anbetracht seiner umfänglich vermittelten Leere das volle Gefühl einer sinnreich abgeschlossenen Lehre vermitteln, doch solange wir diese Einheit einzig durch Ausschlüsse aller Art erzwingen wollen und schon allein daher nicht gemeinsam in ihrem reinen Ursprung erfahren können, ist es kaum mehr denn halber Schwindel, was alles Wissen, Kultur oder Religion und Aufgeklärtheit, Geist, Sinn und Erkenntnis, Freiheit oder Gerechtigkeit und dergleichen mehr wir heißen auch immer mögen. Darum wie ebendeshalb können wir nämlich gar nicht wirklich authentisch sein – und können so eigentlich auch gar nicht sein –, außer vielleicht manchmal, ein ganz kleinwenig, autistisch.

Seid euch darum bloß nicht zu schade, und beschämt gleich zweimal nicht, Fragen zu stellen, welche auch und gerade die scheinbar so stabilen Gewebe und Gewerke bestehender Ordnungen mit ihren verhängnisvoll zusammenhangsschweren Erzählsträngen sprichwörtlich hinterfragen und somit womöglich gänzlich und sehr eingängig in Frage stellen mögen, indem sie ein Licht auf und in und hinter die im Dunkel ihrer vorgeblichen Gewissheiten verborgenen Stellen zu lenken suchen, um dort Lücken, Schweigen, Mürbe, Sollbruchstellen, Säumnisse, Vertuschungen, Obsoleszenzen, Verquickungen, Überspielungen, Verwünschungen, Blindheit, Verstecke und der Mängel Zuträgliches mehr auszumachen. Eine sich daraufhin eventuell als Ausprägung einer Antwort ergebende Unordnung in den gewohnten Ordnungsweisen ist zudem beizeiten sehr wohlangebracht, um die in diesem Bezugsrahmen wirksamen Kraftverhältnisse, vorgegebenen Prioritäten und gängigen Funktionsmuster neu zu kalibrieren und zu gewichten – zuallermindest aber, um dieselben zunächst überhaupt erst einmal zu erkennen und ermessen zu können. (Vielleicht kommt ja auch euch einmal im Traum ein Anhaltspunkt, um schließlich ebendieses fragliche Suchen wirklich selbst zu versuchen.)

Die Frage, ob es daher gerechter- oder gerechtfertigterweise als naturalistischer Fehlschluss abzuurteilen ist, von der an- oder vorgeblichen Natur des Menschen Rückschlüsse auf Regelmäßigkeiten seiner generellen Kultur zu ziehen, scheint damit wohl augenscheinlich hinreichend wie nebenbei hinlänglich beantwortet. Viel wichtiger ist nun aber stattdessen, dass die Zeichen – und mit ihnen unsere Welt – sich mehr und mehr virtualisieren, digitalisieren und informatisieren, also reichlich mit körperlos raumtreibendem Informationskulturgut beladen, und auf diese formal förmlich unförmige Weise über die mutmaßliche Einfachheit und vermeintliche Eindeutigkeit numerischer Verhältnisse und Verhaltensweisen in einer eigenartigen Form verselbständigen, ob der sie einer gerade in ihrer scheinbaren Undurchschaubarkeit unheimlich geheimnisvollen Eigendynamik anheimfallen, welche im lichten Zusammenhang und -halt ihrer grundlegenden Verbundenheit eine ungeheuerliche Unabhängigkeit und getrost trostlose Loslösung von der materiellen Welt mit sich bringt und mehr noch entwickelt, wo wir doch in ebendiese mit und über unsere Körperlichkeit unentrinnbar eingewoben sind und daher auch ein Gutteil unserer zeichenbedingten Gemeinsamkeiten darin wie darauf besteht.

Dies hat nun zur wiederum kaum vermeidbaren Folge, dass nach der unverhohlenen Spielart dieser über zahllose Numerisierungsprozesse komplexitätsverminderten Zeichendichte, die ja gleichzeitig auch so enorm inhalts- und bedeutungsschwer wie wertvoll sich gibt, der alles begründende und allem Sinn erst gebende Vermittlungsprozess zwischen Mensch und Welt zunehmend in einem anonymisierten Außer- und theoretischen Unbewusstsein sich vollzieht und verschwindet und einzig, dafür aber umso unumgänglicher, die Resultate dieses ordnungsstiftenden und strukturgebenden Kopplungsprozesses offenbar werden, welcher sich namentlich in der sterilen – und beinahe schon sterilisiert anmutenden – Mechanik einer über allerlei technische Mittel rationalisierten Selbstbezogenheit verbirgt, die die

Welt mehr funktionalisiert und dabei mehr abstrahiert und dadurch mehr befremdet, verunstaltet und entstellt, als jeder noch so unstete Gedanke es je hätte unbedacht- oder logischerweise vollbringen können. So wird uns alles so einfach, einfach so unbeschreiblich und unbeschreiblich undurchschaubar, wo es doch ganz eindeutig steht beschrieben in all unseren zweckmäßigen Programmen von den definitiv definierten Welten.

Der Mensch war, ist und bleibt ebendeshalb wie geradewohl alldem zum Trotz – sei Gott nun angeblich tot oder sei er es vorgeblich nicht und also vergeblich am Leben – nicht mehr nur das altgediente Seil zwischen übermäßig scham- und triebbehaftetem Thiere und gottgleichem Übermenschen, zwischen einer vergebens vergänglichen Vergangenheit und einer außerweltlich übervollendeten Zukunft, sondern er balanciert eben auch auf diesem Seile, um wandelnd anderweitig unmöglich zugängliche Erfahrungen zu sammeln zwischen Himmeln und Erde, und um zu sein mit jedem Schritt und jedem Blick und jedem Schlag seines offenen Herzens, ein Grund wie ein Ziel für die – wenn wir nunmehr so wollen nennen den Urgrund im Ganzen – Götter wie eine Verbindung zwischen diesen und den übrigen Wesen. Auf der andauernden Suche nach einem Gleichgewicht in der und für die wie über der Welt ist er Spiel und Spiegel der Erkenntnis, Wagnis und Waage zugleich wie eine waghalsige Erwägung überhimmlischen Ursprungs, auf dass die sogenannte Schöpfung sich nicht zuletzt als Eigenkreation erkenne, da in solch einer universell selbstzentrierten Betrachtungsweise Verhalten und Verhältnisse zu sich wie zu allem und besonders zum Andern an sich so beträchtlich verändert sich sehen wie nichts sonst – und da auch einzig auf diese Weise von jedem Selbst gleich Gott erfahren werden kann.

Das Seil, auf dem er wandelt – und das er zeitlebens ist –, soll er deshalb nicht als Schlinge erfahren, noch als Fessel begreifen, sondern als sein Spielfeld verstehen, auf dem er mit dem Betreten Rahmen wie Regeln setzt, und er soll es als Lasso ergreifen, mit dem er fängt ein und erfasst, und als eine Brücke beschreiten, zwischen den und über die Welten gespannt wie zwischen Sinn und Sein, um Flucht und Suche in einem metaeuphorischen Akt andauernden Ausgleichens auf solch hochwägend bewogene Weise zusammenzuführen, dass ein jeder Moment wird gefunden, wie nur er sein kann zwischen allem und nichts.

Alsdann gleichwie in diesem alleallerbesten Sinne: eindrucksvolles Reisen, fröhliches Spazierengehen, schöne Schlendereien, angeregtes Lustwandeln und wohlgemutes Wandern wie auch und ganz besonders viel Glück mit reichlich guten Ein- und Aussichten und weit mehr freilich noch auf diesem Weg, der Seil ist über dem Abgrund und der ihr seid gleich dem Abgrund und dem freien Himmel darüber mit seiner darumwehenden Luft und all den darin gar so fern scheinenden Lichtern und der Erde darunter.

Erfahrt es nun alldaher zu guter Letzt, wiewohl im Zeichen der ewigen Freundschaft: Seid stets doch so einfach vollkommen, unendlich willkommen und immer zuhause – im freischwebenden Weltraum eurer Zeichen Traumreimes Werke gleichwie in den euch darob von euch für euch mit schlafwandelndem Bewusstsein gezeichneten Welten und bezeichneten Zeiten aus Zeichen: ihr zeichnet nämlich schon mit und in eurem vor allen Dingen so traumhaft bewussten Dasein die Welt mit Samt, ihren süßduftenden Raum gleich dem frohsprühenden Schaum ihrer Zeit, gebt Strukturen und Ordnung gleich einer Liebe, indem ihr lebt und da seid, wie ihr so da seid, in dieser alleinigen Welt um wie in euch – ob nun freilich vollauf bewusst und ziemlich gerecht, oder schlechthin unziemlich gekennzeichnet wie bezeichnend gerächt und vereinzelt bewusstlos, eine ganz andere Frage.

(Januar 2012)

SeilTanz

Schwingt vom Sein
beschwingt zu sein
hoch weit hin auf
im Rhythmus der
Bewegung ein
Körper zwischen Raum
und Raum und Zeit
und Traum so weit
befreit vom schweren
Bann der irden tief-
bewegten Kräfte
bis in der Himmel Hö-
hen hoch wo sonst
denn auch vor ach so-
viel Licht und Luft und Lust
um sich und sich
im All allein
keine Zeit mehr bleibt
zum Träumen.

Hellwach drum auch
hochwohl und geradewegs
vollauf konzentriert
ein jeder nur ein
wenig einzeln, einsam, eng
auf ewig wie einzig
und alleine für sich
mit jedem Schritt
für Schritt auf-
tritt, denn bloß ein Hauch, ein
Wind, ein Riss, ein

Sturm, ein Stoß, ein
Zug, ein Bruch, ein Strom
ein falscher Tritt
schon fällt der Spieler
grundlos bar
gar einer jeden Wieder-
kehr unaufhaltsam aus
dem Tanz mit Wolken
und Gewalten glanz-
los ab und aus der Traum
von holden Himmels-
spielchen mehr und aus
der einstmals allerhöchst-
wohl ach wie edlen Eleganz
wird flugs wie mithin un-
bedingt der ganzen Wagnis
steiles Elend sichtbar
im Hinab und ab und
an wie dann und wann
in selt'nem Tiefsinn
geruhsam fliehende Gedanken
steigen auf dem Ab-
und Ursprung auch
entgegen knappen Fragen gleich
danach wie er so plötzlich unbegründet kam vom Hochmut
zu künden wo doch Über-
mute heißt nun einzig
Scheitern wo-
zu wohl auch er selbst
verdammt ist ob-
schon gerade dies in des
Unglücks sturzes-

fahlem Angesichte zum Triumphe
wird hochwürdigst doch erklärt
sehr gern bloß zu Dumm-
heit, Unsinn, Torheit macht
was zuvor noch
alles Mut so gern
genannt gleichwie gewesen.

Und daher im Fall der Fälle
Furcht gehabt zu haben
schickt ab und an
wohl an sich sehr
wie Ängste dann
ach so hoch-
wohl ganz erhaben
über all den frommen
Arroganzen ruhen und
scheinen auf noch über-
hochmütigst beklommen hybride
Hybris verlegener Selbstes-
überschätzungen gleich-
wie ein ein-
zig kleines Leben ward
doch gar allzu rasch als-
dann vergeben in-
wendig wandelnd aus-
gleichsbestrebtem Streben:
erhobenen Hauptes
und gefälligst ergeben.

Denn Freiheit ist
der Fall doch hier
und da wie nichts gleich-
wie wohl immerzu all-
obendrein Unmöglichkeit
auf jedem ihrer vielen Wege:
gleiten, springen, stürzen, kippen
sinken, singen, fallen-
lassen, sich halten
ewig keiner kann
und noch viel weniger er-
wehren sich der faszinations-
freifluktuierenden Finalität
solch anzüglich existentieller Gravitäten.

Denn ob nun schon er fällt
oder erst später
ob weiter wagt er
oder wagemutig wie-
gend noch er zagt
gefällt doch letztlich
bloß das Seil
wie's schwingt gar schön
so er da tanzt
oder bereits im Fallen
zum Raum der Zeiten
gar nicht wohl
mag's ihm gefallen
wenn er jetzt schon
oder nicht gleich und erst später
fällt wo Fallen einzig scheint
gewiss: es hält
und weht im Wind

der Welten munter
immer weiter
und wenn er schreit
dann fällt er nur um-
so weiter:

Tanz, Seil, tanz!

II. Teil:

Geschichten und Berichte wie Erzählungen aus der Praxis und über Leben

Bei Gott – von einem durch und durch ritualisierten Opferkult halbmoderner Zeiten

—

Ein religiös inspirierter Erfahrungsbericht, der mit Religion als kollektiver Erfahrung bricht, oder: wie eine vornehmlich oberflächlich verhaftete und vorsätzlich strikt normativ-selektive Lesart altgedienter Universalschriften in der sturen Stringenz ihrer teleologisch motivierten und theologisch inszenierten Interpretation über die metaphorisch-metafiktive Gewalthaftigkeit ihrer energischen Exegese einer aus der Zeit gefallenen – oder derselben zeitlos entwachsenen – Sprache vor dem unüberhörbaren Hintergrundrauschen der allgemeinen Sprachlosigkeit einer in den buntbrausenden Fluten ihrer Bilderwelten versinkenden hochdiversifizierten Spätmoderne mit ihren multiplen Lebenswirklichkeiten und zahllos synchronen wie wohl zugleich idiosynkratrisch asynchronisierbaren Erfahrungsweisen praktisch unverstanden misslingt und somit als Lehre ins Leere führt.

Verdammt mag ich manchen erscheinen – womöglich gar bald noch vielen mehr – und mich bisweilen selbst auch so fühlen, doch bin ich nun, bei Gott, schon der Erlösung ganz nah, der ewigwährenden Befreiung aus dieser zeitweisen Verdammnis; und wie ich so verdammt bin unter die Ungläubigen, verdammt dazu, unter denen zu weilen, die vom rechten Glauben weder eine ferne Ahnung noch auch nur eine ungefähre Vorstellung haben, und die dem Anschein nach doch diese Welt beherrschen dürfen und darum auch die wenigen darin Verbliebenen vom rechten Glauben, da ist es für mich selbst schon ziemlich bemerkenswert – und für manch andere höchstwahrscheinlich äußerst bedenklich –, dass ich hier, während sie an den heiligen Stätten wie in den Städten und Dörfern unserer geliebten Heimat ganz offensichtlich wüten oder insgeheim von denen Unordnung und Unfrieden stiften lassen, welche sich schändlicherweise in all ihrer Gier, Furcht oder Feigheit dafür bezahlen lassen oder mit falschen Versprechungen dazu verlocken oder durch hohe Drohungen vollauf vereinnahmen, paradoxerweise mitten unter ihnen weile, in der so harmlos und friedvoll anmutenden Ruhe ihres an oberflächlichen Scheinheiligkeiten so reichen wie ebendavon überaus begeisterten Reiches, bevor endlich der alles zweifelsfrei entscheidende Sturm erbarmungslos über sie und ihrer Väter unheilige Lande hinwegzufegen anheben wird gleich dem widerspruchsfreien Gewitter des göttlich donnernden Willens unseres Herrn, der dieser ruchlosen Spielereien um Machttrieb, Einflusswillen und weitere Verwirklichungsexzesse wohl sehr bald endgültig überdrüssig geworden sein wird und ihnen alsdann den gebotenen Einhalt auferlegen mag, da sie geradewegs dabei sind, die Grenzen seiner allumfänglich gnädigen Absichten zu erreichen. Und ebendeshalb muss es freilich sogar noch im Einklang mit den sakralen Maßstäben, Geboten und Wertordnungen unseres allgerechten Glaubens zu erklären sein, dass jene vermeintlichen Regenten uns mitsamt der von ihnen auf manche Zeiten hin scheinbar kontrollierten Welt in diesem Leben die erste Versuchung sind und die letzte Prüfung vor der endgültigen Erlösung. Verdammt mag ich bis dahin gern sein, mein Dasein zu fristen in diesem Paradies der Ungläubigen, in welchem sie ihr unglaubwürdiges Leben so mannigfach würdlos vertun. Doch das wahre Paradies, welches meiner harrt in Ewigkeit, überstrahlt deren armseliges ums Abertausendfache. Denn, bei Gott, ich finde meinen Weg dorthin, da ich ihn kenne, weil ich selbst er bin. Es gibt nämlich, wie bereits die heiligen Schriften mit Gottes unfehlbarem Wort bezeugen, nur den einen Weg wie die eine Wahrheit. Für diesen Weg und für diese Wahrheit hat einer allerdings nicht nur offen zu sein und allzeit bereit, sondern er muss auch würdig sich dafür erweisen im Denken wie im Tun und Fühlen und im Sein wie vor Gott; man kann und darf diesen einen Weg und seine eine Wahrheit jedoch unter keinen Umständen für sich und weniger noch für seine eigenen oder anderweitig fremde Zwecke zu erzwingen suchen, da die Wahrheit wie der eine Weg dorthin einen jeden selbst finden und führen werden, oder ihn wahrscheinlich lange und immer schon anleiten und gefunden haben, sich einem jedoch, so Gott will, in der ihnen ganz eigenen Art und Weise erst dann offenbaren, wenn die rechte Zeit dafür gekommen; dessen darf sich selbstverständlich ein jeder von der rechtschaffenen Gesinnung Bestimmte gleichwie jeder im guten Glaube Lebende unbedingt gewiss sein und er braucht daher über seine unmissverständlich entschiedene Hingabe an Gott und ein ausnahmslos pflichterfüllt ehrenvolles Dasein hinaus keinerlei weitere Anstrengungen und Mühen mehr auf sich zu nehmen im irden bedingten Diesseits, das er ja ganz bestimmt mit seinem gottergebenen Ableben in Richtung des göttlichen Reiches hin wird verlassen dürfen, wohingegen ja so viele der alsbald unweigerlich elendig zugrunde gehenden Ungläubigen die uns als unergründliche Offenheit in prachtvollste Erscheinung tretende unendlich tiefgründende Abgeschlossenheit des göttlichen Wirkens mit kaum zu überbietendem Frevel insofern zu deuten sich ohne jeglichen Rückhalt gleichwie bar jedweder Rücksicht anschicken, als dass sie schlechthin sich selbst zum Mittelpunkt der Welt erklären wie zum Brenn- und Siedepunkt jeder wahren Erkenntnis, damit sie auf ihren zahllos sich verlaufenden Irrwegen weiterhin wohlgemut ihrer vermeintlichen Kreativität und ihrer Selbstverwirklichung nachgehen können, um also ihr ach so freies Wollen wie ihr mehr denn allesvermögendes Können geruhsam auszuleben, da sie sich dann ja zu alledem selbst auch noch gut und gerne einbilden mögen, glauben zu dürfen, ganz recht in der scheinbar so sinn- wie geistreich begründeten Meinung zu sein, eben genau daran sehr gut zu tun; aber sie werden es schon sehen und erleben, wir werden es sie nämlich rechtzeitig lehren und erfahren lassen, wo es sie noch hinführen wird, wenn sie weiterhin in bedenkenlos blindem Gehorsam diesen offenbaren Zeichen der Ungläubigkeit zweifelsfreie Folge leisten, welche sich in unverhohlen himmelschreiender Dreistigkeit auf eine angeblich selbsterkannte Offenheit im heiligen göttlichen Wirken beruft wie auf eine ersichtliche Unbestimmtheit in seinem doch immerzu unfehlbaren Willen, obschon doch das tatsächlich von ihnen so unverschämt vorlaut für sich beanspruchte selbstwirksame Schaffen und Schöpfen und Walten gerade unserem Herrn selbst derart unverkennbar zu eigen ist wie nichts sonst, wo es bekanntermaßen zweifelsfrei eines der höchstwürdevollen Attribute seiner unbestreitbar absoluten Herrschaft ausmacht. Und je mehr sie indes auch versuchen mögen, mich, meinen Glauben und ebenso meinen Herrn in ihrem unbedachten Betragen zu demütigen, zu verunglimpfen und zu entehren, desto mehr wird dies nur mich, meinen Glauben und ebenso meinen Herrn in unserer unendlichen Gerechtigkeit bestätigen; mögen sie mich doch verachten, denn je mehr sie so tun, desto tiefer wird die mir bald widerfahrende Hochachtung sie in den Schatten des ewigen Lichts stellen, das einzig den Rechtschaffenen und Ehrbaren leuchtet auf ihrem gottergeben dahingehenden Weg; mögen sie auf mich herabblicken, so werde ich dereinst von weit höher auf sie herabsehen, als ihre kühnsten Vorstellungen jemals reichen mögen. Sie sind nämlich blind für das Wesentliche, sehen nur die bunt verzierten Fassaden ihrer sündhaft seichten Wirklichkeiten und gehen dazwischen ihren von Feigheit, Furcht und Gier durchtriebenen Spielereien nach, um sich auf diese unbedacht tatkräftig verdorbene Weise von der unausweichlichen Verdammnis abzulenken, die Zeit ihres unaufrichtigen Lebens mit der scharfdrohenden Gewissheit des göttlichen Schwertes über ihren Köpfen währt. Sollen sie es doch mit der hohlen Kraft unverminderter Ignoranz immer und immer weiterversuchen, ihrem unvermeidbaren Schicksal über die irreführende Illusion einer mutmaßlichen Freiheit zu entgehen, so wird schlicht diese unstillbare Versuchung ihr aus Lug und Trug höchst eigenhändig zusammengemauerter Kerker. Ihr ebendarin zugleich von lauter Lüsten wie allerlei Angst vollauf bedingtes Treiben ist in einem unaussprechlichen Maße beschämend für den Herrn und seine gottgegeben hohe Idee vom wahrhaftigen Sein; es befleckt, missachtet, beschmutzt und entehrt die weihevollsten Ideale und fordert in seinen tiefgreifenden wie hochfliegenden Parolen, durch die so anmaßenden wie maß- und haltlosen Ansprüche zu einem Kampf heraus, der die endgültige Entscheidung in der ewigen Schlacht zwischen Gut und Böse heraufbeschwört. Und wie es ja schon ohne jeden

Zweifel festgeschrieben steht, dass ebendiejenigen um Gottes willen unbedingt zu bekämpfen sind, die sich mutwillig wider den heiligen Bund der wahrlich Gutgläubigen erheben, indem sie sich gegen die Verwirklichung der himmlischen Schrift und den darin unbestreitbar zu einem missverständnisfreien Ausdruck gebrachten göttlichen Willen stellen, so ergreifen eben wir nun mit reinem Gewissen und frohen Herzens wie mit Gottes edelmütigem Beistand unsere Waffen in großer Zuversicht und ergebener Dankbarkeit, um selbige in einem letzten Gefecht unerbittlich und ausnahmslos ehrenwert wider die Ärgsten unter unseren Widersachern zu führen wie wider alldiejenigen, welche uns oder dem göttlichen Wirken alsdann noch im Wege sein mögen. Und, bei Gott, wir werden endlich und unumkehrbar obsiegen, wie es immer schon und unabänderlich geschrieben steht! Mit ihrer Arroganz, mit ihrer Verlogenheit, mit ihrer Selbstbezüglichkeit und mit ihrer Unaufrichtigkeit sind sie unserer achtsam barmherzigen Hingabe, unserer leidenschaftsvollen Tugendhaftigkeit, unserer selbstlosen Ehrfurcht wie unserer aufrichtigen Ehrlichkeit in keiner Weise gewachsen. Mögen sie sich deshalb doch hinter Geld wie hinter Grenzen und Mauern verschanzen, hinter ihrem aufgeklärten Unverständnis der Dinge und ihrem unbelehrbaren Hass auf uns; mögen sie sich zudem in all ihrer zweifelsfrei bestehenden Ungewissheit zwischen Wissenschaft und Vernunft zu verkriechen suchen wie hinter überflüssigem Wohlstand, selbstgefälliger Technologie und ihren hochgerüsteten Waffenarsenalen, welche ja ihrem eigenen Beteuern zufolge einzig und allein einer vorgeblichen Verteidigung dienstbar sein sollen: alle werden sie nämlich gefunden, denn letztendlich verstecken sie sich doch nur vor sich selbst wie vor dem Einen und Unvermeidlichen; mögen sie in ihrer hoffnungsfreien Ausweglosigkeit noch so hochmütig und unbedacht über uns zu urteilen suchen, so werden wir davon unbeeindruckt weiterhin würdevoll gesenkten Hauptes in unserer andächtigen Demut niederknien vor dem Herrn, wie er gebietet, uns ihm ergeben in der frommen Gewissheit eines Jüngsten Gerichts, das jene dereinst aus ihrer sträflichen Selbstsicherheit befreit und es uns zugleich wie auf allezeit ermöglicht, die Blicke unverblendet gegen die Himmel zu erheben, in welche aufzufahren unser gutes Recht gleichwie unsere froheste Bestimmung; und mögen sie sich selbst auch noch so weit überhöhen, wenn sie Bedeutsamkeit, Wert und Bewahrung ihrer vermeintlichen Freiheiten und kulturellen Errungenschaften hochhalten, die doch allesamt nichts weiter sind als ein beschämendes Zeugnis ihrer selbstbezüglichen Beliebigkeiten, bloß ein allgemeines Anreizen zu ungezügeltem Tun und zügellosem Treiben, zu bedenkenloser Pflichtverdrossenheit wie zu andauernder Überheblichkeit, zu blanker Gottesverachtung also wie zur alltäglich fortwährenden Beleidigung und Missbilligung der Rechtschaffenen und Ehrbaren; geleitet vom klaren Scheine des Lichtes göttlicher Güte bringen wir alsbald noch den Letzten von ihnen seinem unvermeidlich gerechten Ende entgegen. Wir werden dieses ehrwürdige Licht nämlich als strahlenden Beweis des tadellosen Glaubens, von dem erhellt und erleuchtet wir entschlossen dem einen wahren Wege folgen, auch nach den dunkelsten, schandhaftesten und verwahrlosesten Winkeln der Welt hin führen und weit noch darüber hinaus. Wir werden jeden, der offen, entschieden und würdig sich erweist, seiner Erlösung zuführen, wie wir alle Unwürdigen im Einklang mit dem widerspruchsfrei über sie gefällten göttlichen Urteil gebührend zurechtweisen, denn wir sind mit Gott und er ist mit uns und für uns und über uns, ist All über All und immerdar. Mit seiner Kraft und seinem heiligen Beistand wie mit unserem ehrvollen Glauben an ihn bleibt uns letztlich nur der Sieg, der absolute und endgültige Triumph über Unzucht, Frevel und Schande. Dieses unumstößliche Wissen lässt mich bisweilen mit einem bittersüßen Lächeln unter den erbarmungslos entehrten Körpern und zwischen den vielfach verlorenen Seelen der so weit abseits des rechten Weges Irrwandelnden weilen, auf dass ich mich gleich einem Herrscher im Reich des Todes gebare – mächtig und erhaben, einzig mit der Gabe des sehenden Auges beseelt in völliger Dunkelheit und begabt mit dem scharfsinnigen Säbel der letztgültigen

Gerechtigkeit –, einem gewaltigen Machthaber gleich, der Leben gewährt, wie er den Tod verhängt und jederzeit, so er nur will, gegen die Himmel sich auf ewig erheben kann, indem er schlicht das ihm über die unmissverständlichen Worte des göttlichen Willens aufgetragene Werk vollende und somit unabwendbar seinem vorhergesehenen Zwecke beibringe. Für diesen einsam anmutenden Kampf, dessen letzte Schlacht mein irdisches Schaffen abzuschließen bestimmt ist, ziehe ich die Kraft einzig aus meinem tiefen Glauben, aus meiner unerschütterlichen Verbindung zum einen Herrn, wie aus dem heiligen Bunde mit den wenigen mir verbleibenden Brüdern in ebendiesem Glauben, von denen ich persönlich nur Vereinzelte mehr beim Namen kenne und bloß eine kleine Handvoll gar meine wahren Freunde nenne. Wie viele von ihnen sind doch belächelt, ignoriert, verunglimpft und verachtet, ausgegrenzt und weggesperrt worden, beschimpft und bespuckt, bedrängt, schikaniert, gepeinigt, drangsaliert, gequält, gefoltert und gemartert oder anderweitig würdelos behandelt, allein weil sie dem göttlichen Gesetz unbeirrt treue Folge geleistet haben – und weil eben die Ungläubigen schlicht zu keinem anderen als einem solch schmählichen Umgang mit diesen gegen Gott und die Welt wie sich selbst Gerechten befähigt sich sehen. Dies untrügliche Fehlverhalten jener scharenweise in unentschuldbare Abtrünnigkeit Verfallenen mag nun schlechterdings daher rühren, dass jenen schon während der kurzen Momente ihrer seltenen Begegnungen mit einem vom guten Glauben wahrlich Beseelten die unerschütterlich tiefruhende Überzeugung des von diesem gelebten Gottvertrauens auf einen Schlag hin das ganze Ausmaß ihrer eigenen Unfähigkeit und Unflätigkeit und Untätigkeit und Unwürdigkeit so unmissverständlich vor die ungläubigen Augen führt, sodass sie sich fortan zweifelsohne vollkommen verloren erscheinen müssen und selbst bis zum vollkommenen Verzweifeln ins Grübeln geraten, wie sie in ihrem Innersten zunehmend ungewiss und zugleich immer misstrauischer gegen sich selbst wie die übrige Welt werden. Doch wie ebensolche Unsicherheiten unter den Ungläubigen beständig anwachsen, so fühle ich, bei Gott, weiterhin und kräftiger denn je den ungebrochen starken Wille meiner arg drangsalierten Brüder gleich ihrer tapferen Entschlossenheit, welche den zahlreichen Unbelehrbaren unter den Ungläubigen zuallerletzt und unter verkehrten Vorzeichen offenbar werden werden, denn so haben sie alle es mir immer wieder versichert während der wenigen Male, da wir uns seit unserem euphorischen Kennenlernen begegnen durften, als wir zusammen gebetet, gefastet, gespeist und gesprochen haben und sie zugleich frohgemut damit begonnen, mich für meine letzten Schritte – oder vielmehr für den entscheidenden Zug meines Daseins – technische Finesse, soziokulturell angebrachtes Gebaren und psychische Widerstandsfähigkeit zu lehren, mich in Ausdauer wie in Beharrlichkeit zu üben und mich freilich wie zu guter Letzt mit unbedingtem Gottvertrauen und himmlischer Zuversicht zu rüsten. Oh meine ehrbaren Brüder, die nach bestem Wissen und im reinsten Gewissen wie mit Gottes edelmütigem Beistand hier auf Erden weiter für unsere gemeinsame Sache eintreten, für unser aller Geschick sich so aufopferungsvoll einsetzen, während ich mich alsbald aufmachen darf und werde, einem zweifachen Botschafter gleich nach neuen Sphären hinzustreben, der ebenso vom irdischen Elend zu berichten weiß wie von der göttlichen Herrlichkeit, der also gleichsam Nachrichten für die Ewigkeit zu überbringen hat, wie er sie seiner Nachwelt hinterlässt; deswegen lassen sie mich nämlich gehen und schicken mich auf diese letzte Reise, geben mir den ehrenwerten Auftrag und erteilen mir somit den Befehl zum allerhöchsten Glück, gewähren mir dies sakrale Mandat zur vollkommenen Vollendung, während sie hier weiterhin mit unvermindertem Eifer und größtmöglicher Disziplin ihren unsäglich harten Pflichten so selbstlos nachzukommen suchen. Ich bin also gesandt von meinen Brüdern, ausgesandt zum Herrn, wie ich zugleich gesandt bin vom Herrn, losgesandt für meine Brüder, dem Herrn unser aller Aufrichtigkeit und Bereitschaft zu belegen, und meinen Brüdern frohen Mut und Zuversicht beizubringen für die schweren Schritte des ihnen bevorstehenden Weges. Und ebendies habe ich ihnen ja wiederholt versprochen und zugesichert, gar beim Namen des Herrn mich dazu bekannt und also vollmundig verkündet, diese meine Pflicht als größtmögliche Ehre anzunehmen und derselben so hingebungsvoll wie uneingeschränkt nachzukommen. Und gerade dieses bedingungslose Bekenntnis sei nun – wie sie mir daraufhin allesamt sofort ganz herzlich versichert – gleich all meinem übrigen Tun und Unterlassen zunächst zwar ein womöglich klein und belanglos erscheinender Schritt auf unserer gemeinsamen Reise, der wiederum gleich allen anderen doch ebenso wesentlich wie wegweisend und letzten Endes freilich unerlässlich sei auf unser aller vorgezeichnetem Weg ins himmlische Glück, welches einen jeden in ewiger Fülle und mit unvorstellbarem Reichtum erwartet, nachdem er seine irdischen Pflichten abgelegt, die gleichsam den zumindest gebotenen Ausgleich der uns allen zeitlebens zuteilgewordenen Schuldigkeit eines solchen Dasein bedeuten, was ich, meine Brüder und alle mit uns im heiligen Bunde Vereinten allerdings nicht nur für unzureichend angebracht befinden, sondern vielmehr schlechthin für reichlich ungenügend, wenn nicht die große Gnade Gottes die ihr zuallermindest gebührende Berücksichtigung erfährt, nach der ja bereits ein Mindestmaß an aufrichtiger Dankbarkeit gegenüber dem Ganzen genüge tut für alle Ewigkeit. Soll nun aber doch ein jeder in diesem Zusammenhang so tun, wie ihm zu belieben scheint, denn wir sind doch im Grunde gleichwie am Ende und zu aller Anbeginn ausnahmslos gleich vor dem Herrn und seiner absoluten Gerechtigkeit, weshalb über jeden der heidnischen Abtrünnigen dereinst mit demselben universell unfehlbaren Maß gerichtet werden wird wie über mich und all die übrigen wahrhaftigen Diener Gottes. Ach meine weisen und wachsamen, meine ehrbaren und furchtlosen Brüder, gleich mir Zeit ihres gottergebenen Lebens zu jener unendlichen Dankbarkeit verpflichtet, gleich mir einsame Krieger wider Treulosigkeit, Fehlgehen und Irrglaube, gleich mir tief ins Reich der Ungläubigen gesandt: sie sind in der sie umwehenden Aura einer Gleichzeitigkeit von Allgegenwärtigkeit und Unsichtbarkeit bereits vielmehr die engelsgleichen Heiligen, die zu werden stets der wohlbeschriebene Weg ihres irdischen Geschicks gewesen, denn gewöhnliche Menschen. Und wie ich allein ein Fels bin im Strom all der schamlos überschäumenden Eitelkeiten der vom treulosen Unglaube hoffnungsfrei Beseelten, so bin ich zusammen mit meinen Brüdern ein Gebirgszug, weitaufragend über die von jenen bewohnten düsteren Täler der Sünd- und Lasterhaftigkeiten und hocherhoben über den schwerfälligen Dunst ihrer selbstgefälligen Verfehlungen, welcher ihren einmütigen Blick zum Himmel trübt und sie fernhält von jedweder Erfahrung einer Nähe zum göttlichen Äther, an den wir – so Gott will – schon alsbald heranreichen mögen, wenn unser irdisches Werk vollendet, um darin selbst auf ewig aufzugehen. Doch unter unserer scheinbar so kühlen und harten wie unbeweglichen Hülle, unter unserer verborgen ruhenden Größe, dort brodelt schon lange eine feurige Entschlossenheit, immer ungeduldiger ihrer finalen Eruption harrend, welche uns beizeiten wie wohl auf allezeit hinauf in die unendlich ziehenden Kreise des ewighohen göttlichen Reiches schleudern mag und gleichzeitig jene in einem sich hinabgießenden Feuerstrom mitsamt ihren Untaten und ihrer sündigen Welt verglühen macht im heißen Griff unserer brennenden Entschiedenheit, der sie festhält und ihnen kein noch so weinerlich erflehtes Entkommen mehr gewährt, bis sie schließlich in und ob der gerecht aufflammenden Gegenwärtigkeit der ausufernden Sündhaftigkeiten ihrer eigenen Vergangenheit erstarren wie in unwiederbringlichem Vergehen, über welches sich alsbald wie wohl für alle Zeiten duldsam das wohlweisliche Vergessen göttlicher Gnade und herrlicher Barmherzigkeit gelegt haben mag, so nur Gott will. All so geht unser einer Weg und, bei Gott, ich kämpfe deshalb auch für meine Brüder, für all diejenigen, die mir vorausgegangen sind, sich und mir damit ebenso einen Weg bereitet haben wie all denjenigen, die uns angeleitet vom in den ehrwürdigen Schriften gelehrten rechten Glauben noch nachfolgen mögen. Denn wie wir doch eigentlich alle berufen sind vom Herrn, so leisten dem heiligen Geschenk dieses herrschaftlichen Anrufs zumindest noch diejenigen

Wenigen die gebotene Gefolgschaft, welche dazu bereit sind und befähigt und vom Wunsch zu verstehen und zu wissen und zu wirken und selbst zu sein beseelt, auf dass die Allmacht Gottes sich durch sie wie mit und in ihnen verwirkliche. Wir ergreifen nun diese Macht in Gottes Namen wie gemäß seinem unbändigen Willen, denn uns ist die unbestreitbare Ehre zuteil, das wesentliche Instrument sein zu dürfen, seine unsagbare Mächtigkeit zu demonstrieren und schlussendlich seine Macht definitiv unaufhörliche wie unabänderliche und allbeständige Wirklichkeit werden zu lassen; jedes unserer Opfer auf diesem zweifelsfrei vorgegebenen Wege ist Zeichen und Abzeichen dieser ewigwährenden Herrschaft wie zugleich die gerechte Vergeltung von zuchtlosem Handeln und all der bedenkenlosen Niedertracht, die darin ihren schändlichen Ausdruck findet. Dass sie es nicht schon selbst höchstlachhaft finden, die vielen Ungläubigen, wenn all ihrer fortschrittlichen Technik, all ihres angeblich so reichhaltigen Wissens wie all ihrem maßlos überfließenden Wohlstand zum Trotz wir doch vielmehr sie bestimmen als andersherum; wenn doch bereits einer der einfachsten unter unseren getreuen Gefolgsleuten, ein gescheiterter Bauer ohne Land, Familie, Ausbildung oder sonstig materiellen Besitz, mit Entschlossenheit und Gottvertrauen ihre ach so mächtigen Präsidenten und stolzprotzenden Konzernlenker, die vermeintlichen Herrscher über ihre Welt, das wahre Fürchten lehren kann und sie über Jahre und mehr hin bindet in Denken und Handeln und auch im von ihnen ja nach heimlich verallgemeinerter Doktrin so würdlos verdeckten Empfinden, ihnen deshalb gleichsam für lange Zeiten Wort und Weg und Tat weist über seine fraglose Entschiedenheit. In ihrer offenbaren Stärke liegt also ihre offensichtlichste Schwäche begründet, denn sie bestätigen sich zuvorderst in Abgrenzung zum Anderen, zum Fremden, zum Unbekannten, zum Falschen, zum Bösen oder wie auch immer sonst sie es selbst noch so gerne nennen mögen, was ihnen als angebliche Referenz ihrer eigenen Identität und Exzellenz und unzweifelhaften Güte dient wie als wesentlicher Quell ihrer fortwährenden Selbstherrlichkeit und der sich daraus ergebenden Weltverbesserungsfantasien und -ansprüche. Sie gehen mithin eben erst selbst aus derlei kunstvoll inszenierten Abscheidungsprozessen hervor, weshalb auch ihre vermeintlich naturgegeben erscheinende kulturelle Überlegenheit schon in ihren Grundsätzen zutiefst unecht ist und daher ohne wirklichen Bestand, also eine ganz fatal tückisch-trügliche Form von Kunsthaftigkeit an sich hat, da sie sich eben auf Kategorien und Prinzipien stützt, die eine jede von ihnen unabhängig zu bestehen versuchende Wahrheit bereits in der Möglichkeit ihrer Existenz kategorisch negiert und somit prinzipiell ausschließt vom Sein wie von der Wirklichkeit an sich. Daher stütze auch ich wohl sehr wahrscheinlich schon allein in meiner hingebungsvollen Existenz, in meinem so entschieden selbstaufopferungsvoll gelebten Handeln wie in meinem ganzen gottesfürchtig ehrbaren Dasein noch eher ihre unreflektierte Selbstsicherheit, anstatt sie zu stürzen, obschon ja ebendies letzten Endes unausweichlich ist, so Gott will. Und ja, ich glaube, ich weiß, dass er so will; ich meine es sogar schon mehr und mehr erkennen zu können, denn je stärker Zweifel, Ungewissheit und Verständnislosigkeit unter den Ungläubigen zunehmen, desto näher rückt unweigerlich unser endgültiger Sieg, wenngleich uns auch der genaue Gang des göttlich gewiesenen Weges dorthin noch unersichtlich ist, so ist er ebenso unausweichlich wie fraglos gerecht. Deshalb ist freilich alles bereits unzweifelhaft entschieden und ich gebe darum mein Leben, das mir von Gott gegeben, für ihn und die Welt und ihr Genesen von allen Übeln, denn nun bin ich, bei Gott, ein für allemal wahrlich bereit. Genug habe ich gesehen, gehört, verstanden, erfühlt, erlebt und erlitten, lange habe ich auch noch sehr achtsam einem Zeichen möglicher Zurückhaltung geharrt, doch weder scheinen die Ungläubigen irgendeiner Form von grundlegender Einsicht, geistiger Gesundung oder Besserung in ihrem zügellosen Betragen sich anzunähern, noch will mein – und ihr wie unser aller – Herr das unwürdige Benehmen dieser bedauernswert verlorenen Seelenwandler weiterhin ungesühnt fortbestehen lassen. Es ist also an der Zeit, den heiligen

Willen der himmlischen Schrift, wie ihn mich meine Meister so brüderlich gelehrt und dieselben schon die ihren, einer unwiderstehlichen Verwirklichung näherzubringen, ihn in mir und durch mich und mein Handeln seiner zweckmäßigen Erfüllung zukommen zu lassen. Und ebendeshalb sollten all die Ungläubigen sich mein an selbstaufopferungsvollem Edelmut so reiches Beispiel eine praktische wie lebendige Lehre sein lassen gleich einer allerletzten Warnung – und meinen lieben Brüdern soll dies von mir und Gott an mir statuierte Exempel einen hellaufblitzenden Hoffnungsschimmer bereiten –, denn nach mir wird es nicht und nichts mehr wird sein, als wie es zuvor einmal gewesen. Die Zeit ist nämlich endlich gekommen, die ewig in den heiligen Zeichen ruhenden Kräfte im Einklang mit der untrüglichen Bestimmung des göttlichen Willens zu entfesseln und nach ihrem in der himmlischen Gerechtigkeit vorbestimmten Ziele hin auffahren zu lassen.

Von einer überbewussten Ehrfurcht zutiefst ergriffen und willenlos entschlossen, dieser ultimativen Absicht ein würdevolles Werkzeug sein zu dürfen, wasche ich endlich, langsam und gründlich, Stück um Stück meinen Körper, säubere ihn letztmalig und endgültig von Schmutz und von Schuld, von all den scheußlichen Spuren dieser abscheulichen Welt, werde mir seiner dabei nochmals vollends bewusst, spüre die heilsamen Kräfte des geheiligten Wassers sich mir unsichtbar andienen und versinke bald darauf im letzten Gebet meines irdischen Lebens, tauche hinab in die tiefreichende Bedeutung der heilig geschriebenen Worte, um alsdann mit gestärktem Körper und frohen Herzens, mit erquicktem Geiste und reiner Seele ein letztes Mal in diese trostlos wüste Welt aufzutauchen, bevor mein Leben selbst darin seinen endgültigen Sinn gefunden haben und in einem weithin widerschallenden und lange noch nachhallenden Gebet aufgegangen sein wird, so nur Gott will, und ich all so endlich meinen Weg zu ihm beschließe, bald über seine letzten Stufen hinwegschreite, welche nun noch als Abschluss und Vollendung meines Werdens zwischen mir sich befinden und ihm, zwischen dem Hier und Jetzt wie dem höchsten und äußersten Ziel meiner Möglichkeiten.

All so mache ich mich frei: frei von der Welt – und frei für die Himmel.

Nun war der Tag, endlich, meine Stunde gekommen, der Moment, in dem etwas zu enden habe, auf dass von nun an auf immer etwas Neues beginne, was zugleich voll Liebe, Achtung und Dankbarkeit der Ewigkeit beizubringen sei. Ich erwache sehr erholt und unendlich bestärkt aus der mit großer Vorsehung bedachten Zeitlosigkeit meines von gedeihlichen Gefühlen erfüllten Gebetes wie aus tiefstem Schlafe, dem ich ja nun, so Gott will, auch wahrhaftig zustreben werde gleich meinem vollkommenem Erwachen. Ich bin mir in jedem Falle meiner unausweichlichen Bestimmung bewusster denn je und daher endgültig bereit, das mit der ungebrochenen Macht des göttlichen Wirkens mir Aufgetragene zu vollbringen. Gefangen in und getragen von einem zauberhaften Zustand erhebender Leichtigkeit und bebender Glückseligkeit, wie es ihn wohl nur zwischen Himmel und Erde geben kann, wasche ich mir abermals, frei von Furcht wie bar jeder Erwartung, Hände und Gesicht, fühle unter der erfrischend weichen Kühle des sanftströmenden Wassers meine Haut sich straffen gleich meinen ohnehin unbekümmert fokussierten Gedanken, bevor ich mich endlich ankleide, sehr achtsam und genussvoll einen letzten großen Schluck noch zu mir nehme und dann hinaustrete auf die Straße. Und bei Gott, ich spüre nun, ich weiß jetzt, dass meiner Reise letzter Abschnitt bereits begonnen hat und sie bald ihr in der himmlischen Ewigkeit vorbestimmtes Ziel wird gefunden haben, so Gott will. Ohne Gedanken oder irgend schweres Gefühl schwebe ich jetzt gleich einem von reinem Licht genährten Schatten durch eine blendende und verblendete Welt, die einzig Bestand hat in ihrer Unwirklichkeit wie in der Unwirklichkeit eines fahl sie erhellenden falschen Scheins, in dem sie unbesonnen badend sich labt an nichts als sich selbst und ihrer tatsächlichen Unerheblichkeit. In der abgrundlosen Bedeutungsfreiheit der sich in ihr zutragenden Handlungen hat diese Welt eine unsägliche Grenze erreicht oder bereits eine Schwelle zum Surrealen hin überschritten, von wo aus einer sie mitsamt all ihrer Unzucht, Ungläubigkeit, Würdelosigkeit und Ignoranz durch das bloße Schließen seiner Augen, oder auch nur in einem einzigen frommen Gedanken, gänzlich vernichten und für immer vergessen machen kann. Es war ja urplötzlich alles so leicht, so einfach und offensichtlich, wie spielerisch langsam in weichwogenden Schritten diese Welt noch ein allerletztes Mal als schrille, aus jedem höheren Zusammenhang gerissene und allem tieferen Sinne entbundene Folge bunter Bilder an mir vorbeifliegt, als oberflächlich berauschende Attraktion der von ihr so mannigfach teuflisch fern- und abgelenkten abgehängten Abhängigen. Ich fühle mich dagegen unsichtbar und mit jedem Schritt weiter und weiter dieser Welt entrückt. Die Blicke, die Vorstellungen, die Missachtung und die Schandtaten der Ungläubigen perlen an mir ab wie verbotener Reiz an tadellosem Geiste, sie können mir rein gar nichts mehr anhaben, denn ich bin endlich, bei Gott, auf dem Weg, an seinem frohen Ende, bin dir schon so nah, bereits auf ein paar wenige Schritte: fast unbemerkt war nämlich unter dem Mantel meiner außerweltlichen Entzauberung eine ungeheuerliche Wärme in mit aufgestiegen oder herangewachsen, welche mich zunehmend von innen zu betören und zu betäuben begonnen hat und bald jeder emotionalen Regung oder auch nur einem leisegehenden Gedanke daran unempfänglich gemacht; die verschwommenen Gestalten um mich waren in ihren unregelmäßig zuckenden, unkoordinierten Bewegungen, die mal viel zu schnell abliefen, mal viel zu langsam vor sich hingingen, nicht mehr von meiner Art und der sie umgebende Kreis unverständlicher Laute drang kaum noch als mehr denn ein fernes Rauschen an mein Ohr; ich war stehengeblieben und weiß nicht mehr, wie lange schon. War dies also das Ziel? Ist das der Ort meiner letztgültigen Bestimmung? Mühsam blicke ich um mich. Kaum vermag ich in den wabernden Formationen aus Licht und Schatten, aus Farben und Formen, aus permanenter Bewegung und ewigem Stillstand, aus Dasein, Fliehen und kreischender Ruhe noch etwas Nennenswertes auszumachen, doch hatte wohl um mich ein rege herumwuselndes Treiben angehoben, das einer gespenstisch trägen Zielstrebigkeit zu folgen schien. Das Drängen und Ziehen des göttlichen Rufes an meiner ehrwürdig suchenden Seele hebt also endlich endgültig an, mich aus der Welt zu heben ins Unermessliche, nimmt mir Sinn und Verstand für und wider die Ewigkeit. Also handle ich einfach und denke nicht mehr – ich weiß schlicht und ich bin, oh Gott, wie ich bin!

Einem unendlich tiefgehenden Gefühl zwischen Unberührbarkeit, Ruhe, Zufriedenheit, Bestimmung und Entschlossenheit folgend, beginne ich so lang- wie achtsam die locker an meinem unglaublich bewährten Gürtel herabhängende Lasche zu ziehen, welche meine in bebender Erwartung zitternde Hand wohl bereits seit längerem pflichtbewusst ergriffen hat, ziehe daran mit behutsam gespannten Fingern, gefühllos abgestumpftem Bewusstsein und mechanisch überzeugtem Gewissen, nebst Denken und Empfinden jede Gegenwärtigkeit all so ins Ewige hinüberdrängend, bis auch der letzte kleine Widerstand auf meinem Weg zur finalen Initiation mit dem allerseits so kurz wie intensiv aufkeimenden Gefühl einer erhebend flüchtigen Erleichterung überwunden war. Daraufhin hat die Zeit in einem hellen Schlag geendet – und, bei Gott, ich war wohl endlich endgültig am Ziel! Mit einem Mal war nämlich alles unaufhörlich in Bewegung geraten und zugleich für alle Zeiten zur Ruhe gekommen; und dabei fühle ich, wie von mir als einzigem hier noch so etwas wie Leben ausstrahlt und sehe schon bei meinem letzten Atemzug, der tief und sanft mir die Lungen füllt, aus einer leicht erhöhten Erhabenheit auf die vielen in ihrer schrecklichen Unwissenheit wie in unwissendem Schrecken Erstarrten herab. Vielleicht werde ich auch noch ein paar von ihnen mit mir befreien – oder sie strafen, so Gott will –, denke ich noch halb, als ich wohl eine kleine Träne meine rechte Wange streicheln fühle und zugleich ein gleißender Blitz überlebenshellen Lichts mich auf flammend fliehenden Wegen erfährt und die Farben aus der Welt nimmt mitsamt all ihren Formen; ein donnernder Lichthammer von überweißer Reinheit und glühend beseelt von der außerweltlich dröhnenden Kraft des ewigen Urfeuers, das mit ungeahnt drängender Hitze mein Augenlicht in ein übernatürlich mildes Blenden taucht, das fortan sich und mich und alles mit der beruhigenden Gleichmäßigkeit eines ewigbedächtigen Atems bewegt, wie wohl eben sonst nur der beständig schlagende Rhythmus eines mütterlichen Herzens es vermag, und fortan alles haltlos durchwogt: wie es all so anhebt gegen ein strahlendes Weiß und sich in tonlosem Rauschen hinabsenkt in trübscheinendes Grau und hebt sich gegen überstrahlendes Weiß und senkt sich unter rauschhaften Tönen in behaglich verblichenes Grau. Ein letztgültig schwebender Zustand zwischen den Schatten reinen Lichts und einem Licht nur aus Schatten – so groß ist Gott! … und bin nun auch ich … ein Urknall immerneuer Welten … ein schwarzes Loch im traum- und raumlosen Bann der allweit offenwährenden Ewigkeiten … gewesen?!

Wovon gehen Religion und Glaube also aus? Von Gott oder vom Menschen? Stammt der Mensch nun von Gott ab oder kommt nicht vielmehr ein jeder Gott von den Menschen? Im Grunde sind wir doch alle unsere eigenen Götter und es gibt deshalb, im Einklang mit dem allgemeinen Prinzip dieses höchst tiefgehenden Eigensinnes, so viele Religionen, wie es Menschen gibt. Dabei mögen zwar vielerlei Ausprägungen eines Glaubens auf ähnliche Ursprünge, gemeinsame Erfahrungszusammenhänge und ein kollektiv präsentes Vorbewusstsein Bezug nehmen, doch bleibt ihre konkrete lebensweltliche Ausübung, so sehr sie auch den prägenden Kräften der Riten und Dogmen einer normierenden Generalisierung ausgesetzt sein mögen, stets abhängig vom individuell Erfahrenen, von Erleben und Gefühl, von subjektiver Wahrnehmung und deren sinngemäßer Interpretation. Wie sollten wir denn auch ohne gemeinsame Sprache oder geteilte Lebenswirklichkeiten in einer wahrhaft gemeinsamen Religion uns zusammenfinden?

Religion im Sinne institutionell verstetigter – und deshalb wohl mit Bezugnahme auf vermeintlich Universelles allzu leicht kollektiv instrumentalisierbarer – Ehrfurcht gründet nämlich maßgeblich auf dem Prinzip des Glaubens, das seinerseits zunächst und sehr grundlegend auf gelebter Selbsterkenntnis beruht: eine mit einem Mindestmaß an Komplexität in Bewusstsein und Vorstellung begabte Lebensform, welche sich als Ursprung und Grund, als Ziel und als Zweck selbst nicht mehr genügt und dann, ausgehend davon wie im Verlangen nach einer wie auch immer gearteten Aufklärung der vom Universellen bis weit ins ganz konkrete Erleben hineinragenden Unübersichtlichkeiten, ihr Ziel gleich ihrem Ursprung ins Transzendente überlegt, um dafür im Hier und Jetzt mit einer gewissen Freiheit von Sinn wie von Sorgen, die in diesem eigentlich ziemlich fundamentalen Selbstbetrug hintergründig stets so heimlich wohltuend mitschwingt, bewusst bestehen zu können.

(April 2012)

Gottes Dämmern

Morgenröte allerorten
wo unbeirrt vom Nichts
ob allem eigens selbst
wiewohl grad' auch
dem Ganzen sehr
zum Trotz im höchsten
Glanze seiner immer-
steten Selbst als sei
und wär' auch weiter
allgar und gar
nichts mehr gewesen.

Folglich vollends völlig voll-
geballt im raum-
und zeitlos tiefen Dunkel
hell und immer
heller eines über-
großen Schaffens
einsam angst- wie lust-
voll enger Zwang
auf ewig gleich ein-
fach weiter wie so-
fort in sich ein-
zig strahlend auf-
geschreckt Entstehungswut auf-
wie gleichwohl aus-
gelöst in un-
bändigem Erweckungsdrange
sendet Stoß- um Stoß- um Stoß-
gebete um sich
im unheiligen Vergessen

vergehender Empfängnis-
nöte nämlich selbst empfänger-
los doch ach so voll
all der Versprechen
auf Aufbrüche
nach Nirgendwo
und immerdar
wo reichlich sinn-

und inhaltsfrei
sich blutend gierig wie-
wohl gelangweilt lüstern
hochverhoben selbst
ein tief in sich bloß
leuchtend Licht gebäre himmels-
weit im roten Feuer-
tod der Nacht
um uns und alles
andere scheinen
weit mit jedem da-
nach dann noch nach-
folgenden Momente neue Horizonte
gehen weiter schon
als jemals auch
nur eine Welt gedacht
gewesen ist und werden
wird weiter als wir
hätten mögen wollen
und ziehen über-
haupt selbst dürfen oder weiter-
gehend denn je wir ahnend
haben wissen irgend können.

Weiter also ohne Frage
weiter immer und voran
weiter alles so wie's aufzieht
einzig nach der einen Nacht
gleich Dämmerung und Verzweiflungs-
dunkel was und wie's auf Ungewissheiten entgeistert folgt erleuchtet und übervoll-
bewusst doch selbst-
verloren und -verlogen
durch den wie aus dem und im
einen Zwiespalt der Dreieinigkeit
hindurch und hinaus und hinein
bis aus all dem Nichts
geblendet Schatten wachsen
und dann gottgleich
Licht, gleich Gott, zu
regen sich beginnen
und steigen falschen Regen
gleich auf wie tote
Engel nach den leeren Himmeln
sich dagegen doch zu wenden.

Und alldarum nun
ein, oh Gott,
Geständnis, hier ist
meine Bitte:
deine Beichte
wünsch ich mir
denn, oh Gott,
oh wie ich glaube:
vergib uns
deinen hohen Sinn

und wie ich auch noch so vielmehr weiterglauben möge
vor allem seine vielen Sünden!
Weil, oh Gott, du
weißt's ja selbst so-
viel wie ich da glauben mag
bist doch auch bloß recht
eigen, selbst und halber
Teufel, Geist und Vater-
unser Vater-
mörder, Sohn und ewig
Mutter eigen liebes-
tolles Kind das voll der
Hoffnung selbst und Über-
druss gar die Un-
endlichkeiten heiligspricht
und ist dabei allselbst ja
so allein
gelassen und verlassen
einsam nur und wahr-
scheinlich doch befangen arg
frei einzig mehr im zucker-
süßen Spielchen
deiner ach wie weiten
weiten Welten
die du so wohl gedenkst
mit deiner bloßen willens-
starken Kraft für-
wahr zu machen
Satz um Satz sie zu beleben
seelengebend frohen Wortes
mit deiner himmels-
hellen Stimme hoffnungs-

tollen Reden deren einfalls-
lose Einfalt über eine un-
buchstabierbar regel-
los sinn- wie wert- und struktur-
frei nebulöse Grammatik
zum universellen Gesetz
von Sein und Sinn und mehr
erlassen und erhoben
du schon hast
und hastig immer weiter
machst wie wohl vom werten
Werden schließlich selbst.

Was, wie, wo, warum
zu regeln, lenken, leiten, tun
alles wollen
du gedenkst in deiner ab-
gehobenen Freiheit
wie so auch
mit ganz viel Spaß
zu aller Freud
und Schand bereit
vereint, entzweit und drei-
geteilt in deinem steten selbst-
erkenntlichst erhabenen Versteck-
spiele einer kosmisch offen-
weit hingespiegelten Komik
träumst doch lachhaft
lächelnd nur vom Selbst-
vergessen in der Ewigkeit
und übervollbewusst vom Sein
im Sein und meinst dabei
doch selbst wohl noch

zum Werden selbst
all so zu werden
auf manche Zeit
im weiten Raum
wie du allein
in deinem Glück
vergehst an all
der ja nur dir
so eigenen Versuchung
mehr als Sein zu sein
zu wollen auf
dass es und alles einzig
sei wie's war und wär's drum auch
gleich so rasch bereits gewesen.

Wem bleibt denn dann noch
die Erfahrung? Und wem gereicht sie
zur Erkenntnis? Ja aber wer
ja wer darf dafür sterben? Wohl
einzig allein der
dem ganz gewiss
es lebendig ist zu werden war
erlaubt gleichwie befohlen
worden in und ob der gar
universellen Einfalt deiner
omnivalenten Eitelkeiten.

Dein Spiel mit dir
macht nämlich uns
Sein und Sinn
und Zweck im All
darum du weißt gleich-
wie warum wir

deine Grenze sind
als auch dein Grund
dein Zweck und Ziel
gleich der Bestimmung
deiner ach wie edlen Selbst
denn hinter uns
liegt kein Zurück
mehr vorwärts aber
immerfort? Selbst-
erkenntnis in der Ferne
die selbst Erfahrungs-
gleich Entfaltungs-
zwänge nährt in deiner
höchsteigenen Entfremdungs-
gier wo Schöpfung einzig
nur um sich in sich gefangen
zur, in wie um der Selbst-
erfahrung immer-
neuem gierig Willen
im Moment entblößt bloß
der Ewigkeit dies Schöpfungswerk
gefällt zur eigenen Freiheit sehr
wie zum zeitweisen Vergessen
deiner eigenen Unvergänglichkeit
(was soll denn auch
geworden sein
wo niemals nichts
gewesen war?)
ganz besonders rundherum
zum Zweck im Zwecke zum
Zweck im Zweck im Selbst
wie wenn sich deine ewig-
edelmütigen Eitelkeiteleien

nicht nur nicht als ziemlich
weis erwiesen sondern
ihr unberechenbares selbst-
gerechtes Verrechnen
es sich schlussendlich selbst-
untrüglich beweise
wie's sich doch verhält
wo ein Weg sich himmel-
stufenweis und heimlich
bahnt aus der gar selbst-
verschuldeten Unendlichkeit
um dem Eingesperrtsein
in seiner freud- wie ewig endlos engen Freiheit zu entgehen.

Drum wohl auch all
der viele Schöpfungs-
sturm und -drang und immerneuer Tage fröhlich frische Lichter-
feuer gleich wie himmel-
heuchlerisch du's selbst
auch treiben magst in deinem schein-
heilig hohen Selbstbetrieb
mit selbstverzehrendem Gebaren
und dich so stets gleich-
wohl nur mehr selbst betrügst
in selbstbegehrlichem Verzagen.

Drum Kreis vollrund und Kugel
heimlich ohne Raum du Loch-
und übereifrig Weltenschleuder
komm nun da her
und mach dich auf

geh endlich hin und werde
glänzend Licht! Schein zum Scheine
denn wem's gefällt
dem's wohl unendlich auch
gebühre.

Sein Ziel

Sein ist sein Ziel, gewesen schon immer, und es wird werden, wie er ist. Um aber sein überhaupt zu können, da gelte es gemeinhin doch zunächst einmal zu schaffen, weil was vom Seienden bleibe, so es denn nur mehr Gewesenes, sei schließlich das einst von ihm Geschaffene, das weiter noch ist und selbstbestimmt von seinem Ursprung eine wirklich eigene Existenz erst erlangt. Der Anbeginn eines jeden Schaffens weilt wiederum in dem auf beklemmend offene Weise befreienden Akt eines kreativ-explosiven Gemisches aus Wollen und Können, aus Wolken und Kernen, aus Hoffen und Bangen wie aus Traum und Erfahrung und aus Lieben und Leiden wie von Freiheit und Zwang, wobei das erzwungene Leid von der allem Seienden unweigerlich selbsterfahrenen Vergänglichkeit herrührt, während der Traum von der Freiheit gleich jeder bangen Hoffnung auf Liebe seinen untrüglichen Quell eben in der Unvergänglichkeit dessen findet, was ob seiner transzendentalen Universalität der allzu konkreten Plastizität eines wie auch immer gearteten Geborenwerdens nicht einmal in Freiheit, Traum und Hoffnung nahezukommen vermag.

Genauso, oder zumindest ganz ähnlich, gingen noch seine reichlich wohlerprobten Gedanken, wie er sie ja führte sooft – oder sie waren vielleicht auch schon wieder langsam dabei, dahin zu vergehen, wohin er von ihnen ja so häufig verführt wurde –, ohne dann jedoch jemals wirklich entschieden danach zu tun – oder ohne so zu tun auch nur zu können –, als er gerade einmal zusammen mit seiner wunderschönen Katze vom Fenster aus dem schweren Novemberregen beim beständigen Herabfallen aus einem undurchsichtig tiefhängenden Dunkelgrau in eine von allen frohen Farben verlassene Welt hinein zusah, dabei beinahe realitätsvergessen das ziemlich wohlgesinnte Tier nach seinen besten Möglichkeiten zu liebkosen suchte und langsam eine überweltliche Einheit aus dem zu erwachsen begann, was gerade noch ein reflektiert distanzierter Beobachter, auf nassgrauem

Beton zerplatzende Wasser und ein in der bloßen Erfahrung seiner Gegenwärtigkeit schnurrendweiches Wesen gewesen, eine einmütige Gesamtheit also aus bewusst in sich gekehrter Ruhe, der ausdruckslos grauen Gleichförmigkeit eines freimütig stürmisch wie strömend dahinfließenden Vergehens und der gleichmütig an ein nach überall hin offenwährendes Bewusstsein angeschmiegten Geschmeidigkeit eines von guten Geistern so elegant beseelten Körpers.

Er kannte und erkannte dies augenblicklich vollkommen sättigende und gleichzeitig alles wie nichts bestätigende Wohlgefühl in seiner hochästhetisch erleichternd beschwerlichen Anästhesie sofort wie nur allzu gut: Augenblicke, Stund' um Tag um Jahr, um Alles hatte er sich darum beinahe so sehr verliebt und verloren, dass die betäubend schöne Wärme dieser urmütterlichen Geborgenheit ob der ihr zugleich allzu offenbar momentzerreißend gegenwärtigen Vergänglichkeit fast unerträglich geworden war; sich in diese übermenschlichen Zustände hineinzulegen und die Augen zu schließen, um dann wahrhaft zu sehen, bis in ihm nach und nach und Mal um Mal schließlich doch mehr und mehr die Frage danach aufkam, worin denn noch weiter Sinn im Sein und Reiz im Dasein bestehe, so einer die ursprüngliche Einheit gleich der universellen Gesamtheit längst und zur Genüge schon gesehen und erfahren, geschmeckt, gefühlt, genossen und sie sich nicht zuletzt schon so oft zu eigen gemacht hatte?

Nur Gutes zu schaffen und dabei fröhlich zu sein und sich zu fühlen, wohl, voll und ganz, konnte seither kaum mehr für das Höchste ihm gelten. Erfahrungen galt es nämlich stattdessen in möglichst breiter Fülle wie nach wirklich allen Richtungen hin zu sammeln: neben der Freude auch die Trauer, Geborgenheit wie Furcht, Wohltat und Hass, Traum gleich den Schmerzen, von Aufgehen, Erfüllung und Erhabenheit über Pein, Einsamkeit und Vergessen bis hinab in die finsteren Abgründe der Selbstauslöschung sollte alles so akribisch wie unbedacht und vollbewusst in ebenso spontaner als auch, soweit irgend möglich, kontinuierlicher Weise gekostet, geduldet und gelitten werden, kombiniert wie vereinzelt, unterbunden und unendlich übertrieben.

Es sollte einem nämlich ganz generell wie jederzeit sehr daran gelegen sein, möglichst vielfältige Perspektiven auf das Ganze in seinen zahllosen Teilen wie die entsprechend unermesslichen Trennungsweisen dieser ursprünglichen Alleinheit zu bekommen, ruhmreiche wie beschämende, ausschließliche wie einschließliche, und sie – also sich – selbst manchmal sogar ganz bewusst zu verleugnen, um aus dem ebendaraus erwachsenden Gefühl der Unterschiedlichkeit, der Spaltung und Verlassenheit heraus über eine ekstatische Wiedervereinigung den großen Zusammenhang wieder und wieder aufs Neue und kräftiger denn je zu erfahren, bis schließlich alles sich in wahrlich einem überweltigen Gefühle auflöse, das alle noch so kleinen inneren Regungen der Menschen ebenso umfasst wie die höchsten Ansprüche des Universums und dennoch – oder ebengerade deswegen – alle Gegensätze mit der grenzenlosen Kraft seiner absolut ursprünglichen Einheit überwindet.

So war es in zweifel- und fraglos jedem Falle ein schmerzliches Glück, mit all diesen unwägbaren Wirren beseelt zu sein, und obendrein ein wahrhaft glücksbringender Schmerz, all diese erfahrenen Weisheiten erleben und anwenden zu dürfen, dachte er nun wieder für sich beim Anblick der unter seinen wohlschaffenden Fingern schnurrend den graunasskalten Wirklichkeiten entschlafenden Katze, wie sie ihm mit halbgeschlossenen Augen geheimnisvoll wissend zulächelte. Dergestalt wundervoll bestätigt konnte wiederum er jetzt gar nicht mehr anders, als gedankenverloren selbst die Augen zu schließen, der warm- und wohlatmenden Vibration unter seiner offenen Hand wie dem gleichmütig dahintropfenden Rhythmus des freifallenden Novemberregens sich anzudienen und mit einem lang- und tiefgehenden Atemzug hineinfallenzulassen in die traumhaft leere Weite dieses unbeschreiblich überweltlich wonnig weichen Augenblicks ach so voll großer Einigkeit. – Jaja, genauso, so kann, so muss, so darf und sollte es doch sein: von jetzt auf allezeit!

(September 2010)

Gottes Beweis

wo nichts um nichts
und nichts im nichts
nur dunkel immer
einsam kalt gleich-
wohl dem ersten Anschein
nach nur zuckt so
für wie vor sich hin
ein schein-
bar endlos gut wie-
wohl bedacht gar versehn-
lichter Gedanke auf um
in all den Tiefen weit
der Ewigkeit gleich allem ganz
sich bald begründend wie unendlich
frei dann einem vollauf gnaden-
voll barmherzig blitzgleich feuer-
stürmischen Begehren zu
höchsten Ehren und ehr-
bar frohem Anstoße
zu sein so gern auch
zu allem was möglichst
scheint zum Sein also
und daher hebt end-
lich an ewiglodernder Glut
heilig heilsamer Funken-
flug wird flammengleich
zu Weltenwind und himmels-
freudig Feuersturm auf-
glühend, flackernd, heiß und brennend
wie voll und ganz und außer sich
wie ach nur so ein Wunder, wunder-

schön wie sinnentbrannt
von freudenvoll friedlich schöpfens-
frohem Schaffen:
denn einerlei
was ist
das wird
und werde
wie es alles ist
was sein doch kann
und mag's so gern auch
wie's nur will.

Ein Versprechen – von vereinzelter Gemeinsamkeit
—

Wenn einzeln vor sich hin gehende Entwicklungspfade sich unversehens kreuzen in den gestaltlos wabernden Nebeln des Lebens, wenn über kurz oder lang aus vereinzelten Bewusstseinsströmen und zwei unvermittelt weiten Wegen deren einer wird und ihr gemeinsames Ziel zugleich, aus zwei Welten deren eine wie aus zwei schlicht eins wird und trotzdem so viel mehr ist, als in Zahlen irgendeinen Ausdruck je wird finden können, wo eins doch gleichsam alles ist, weil höher und reiner nichts mehr sein kann; wenn aus unerfindlichen Richtungen, verwirrtem Suchen, wirren Versuchen und verirrten Versuchungen ein unverrückbarer Fixpunkt geworden, ein unumwunden wegweisendes Gestirn also, in dessen hellen Lichtes reinem Schein das Unvorstellbare und nicht einmal annäherungsweise im Traum Erwartbare zur überlebensechten Gewissheit sich glänzend beginnt aus den zahllos in der verlorenen Geborgenheit jener indifferent verwobenen Lebensnebel schwebenden Tröpfchen herauszukristallisieren; wenn das Gute und das Schöne also zum Vollkommenen sich ergänzen, zur perfekten Unterschiedslosigkeit verschmelzen, ja dann gerinnt das Leben an der so kühnen wie kühlen Abstraktion seiner höchsten Ideale mitsamt ihren weitreichendsten Ambitionen zur lauen Hoffnung auf die wärmende Ewigkeit eines vollauf grenzenlos in sich vollendeten Moments, bis es schließlich in der glühend ebendaraus aufsteigenden Erwartung der Möglichkeit eines eigenen Aufgehenkönnens in der Unendlichkeit ungewiss weilend verdampft und fortan zögerlich suchend hinwegstrebt und endlos zweifelnd versucht, unwiederbringlich ins Weite.

Wir haben uns wohl immer schon gekannt, mussten uns also gar nicht erst kennenlernen, hatten uns bislang nur noch nicht wirklich erkennen können und nun doch gerade zur rechten Zeit zueinander gefunden, ohne doch eigentlich ernsthaft gesucht zu haben: eine unwirklich traumhafte Nacht war dann Ausgang und Ergebnis wie Ausklang und Erlebnis jener überraschend außerbewussten Suche. Und nachdem wir uns endlich so unverhofft wie ausweglos begegnen durften, haben wir beide diese unvergessene Nacht zusammen belebt und gelebt, haben sie als utopischen Ort und zuverlässigen Hort unseres Beisammenseins erlebt, sie bis an all ihre Enden ausgelebt, ausschweifend durch und durchlebt und schließlich zwangsläufig miteinander verlebt, und all das so weit vereint zu zweit, dass sie, unsere traumgleiche Nacht, uns beide mit der Zeit wie auch und vor allem wider dieselbe zu verzaubern begonnen hat.

Und wie wir daher in unserer nach allen möglichen Richtungen hin freistehenden Offenheit gemeinsam in so kurzer Zeit so weit als irgend möglich – und wahrscheinlich sogar noch sehr viel weiter – gegangen und gekommen waren, da mussten wir doch an die bei so viel einzigartig einiger Einheit mit all den sie notwendigerweise so berauschend umfangreich umgebenden Ungewissheiten unvermeidbare Frage gelangen, ob denn für einen wahren Sinn im Sein, also gleichsam als letzter Grund für ein wahrhaftes Glück, etwas erforderlich, verlangt oder gar geboten sei, für das zu leben es sich ohne jedwede Einschränkung lohne, oder ob für solch ein erfüllend finales Glück nicht eben doch viel eher etwas ganz grundlegend sei, wofür zu sterben es allezeit bereit zu sein gelte.

In der gegen diese auf Endgültigkeit abzielenden Überlegungen und Absolutes verlangende Überlegenheit langsam und fast schon verlegen heraufziehenden Morgendämmerung waren schließlich auch die wenigen uns unüberlegt verbliebenen Gedanken angeregt vom überschäumenden Glück unseres Beisammenseins so untrennbar ineinander verschlungen, dass eine differenzierte Wahrnehmung der Dinge, deren prinzipielle Ordnung oder gar ihre abschließende Bewertung weder vorstellbar erschien, noch darüber hinaus irgendeinen Sinn ergab, geschweige denn überhaupt noch möglich gewesen wäre. Und abgesehen von jeglicher Logik hatten wir beiden schon vom außerwirklichen Moment unseres ersten Zusammenkommens an jede Bewegung ausgeführt wie mit einem einzigen, einzig mit sich im so weltvergessen lust- wie unersättlich liebevoll achtsamen Spiel befassten Körper und die Bedürfnisse des Anderen wurden indes, ohne noch wirklich hinblicken zu müssen, am strahlenden Glanz seiner Augen erkannt, wenn sie nicht schon zuvor so erfühlt worden waren wie die eigenen. Jeder Augenblick war dabei so erfüllt vom wärmenden Hauch der offenkundig greifbaren Glückseligkeit jenes innig er- und ausgelebten Rausches, der so unsagbar gewaltig in unsere Wirklichkeiten eingedrungen war und sie daraufhin wirklich grundlegend zu bedrängen begann, indem er sie zunächst aufgeschreckt und durcheinandergewirbelt, verwirrt und auseinandergerissen, angekratzt und zerbissen, dann in ihrer empfindlich verwundbaren Ehrlichkeit unausweichlich heilsam zusammengeführt und endlich endgültig verschmolzen hatte; eine süßlich schillernd schwingende Sinfonie gefühlvoll stimulierter Kräfte, die in harmonisch anschwellenden Schüben bannbrechend ihre melodisch simulierten Zauber spielen machte und uns damit immer weiter in ihren eigenen so unvorstellbar froh lockenden Bann sog.

Wie willenlos trieben wir alldaher fügsam entgegen der sich unter bleichglühenden Mühen von einem im unbeschreiblich unterschiedslosen Grau einer allgemeinen Bedeutungslosigkeit versinkenden Horizont abzuheben anhebenden Sonne immer tiefer in die Nacht zurück, zurück in unsere Finsternis, die weder eine Dämmerung noch gar den Morgen selbst kennen durfte, um nicht die unerhörte Erfüllung ihrer prophetischen Versprechungen in einem falschen Lichte untergehen zu sehen. Und so musste folglich auch alle uns verbliebene Hoffnung auf einer ewigwährenden Düsternis ruhen, deren verwegen ferne Wärme uns schon jetzt für alles andere unempfänglich und vergessen gemacht hatte und zugleich fraglos bereit, jederzeit selbst in den Flammen einer für unhintergehbar erachteten Wahrhaftigkeit aufzugehen, auf dass eben auch diese unsägliche Art eines vollauf unempfänglichen Vergessens selbst einem selbstverständlich allesverzehrenden Feuer beigebracht werde, um solchermaßen selbstgefällig auflodernd endlich in glutreiner Vollendung die eine Erleuchtung zu finden, die nimmertrennbare Einheit, die immerwährende Erfahrung des Unendlichen, auch wenn all dies nur für die höchstvergängliche Ewigkeit eines unvergesslichen Augenblicks Bestand haben mochte.

Immer weiter und tiefer glitten wir folglich so spielerisch verträumt wie traumhaft verspielt auf unserer herrlichen Unvernunft einer finalen Finsternis entgegen, deren unweigerlich allesumfassende Unsichtbarkeit keinerlei Unterschiede mehr zulassen würde, wo alles eins wird und deswegen nichts mehr sein kann als alles. Gleichwohl war ja zum Sehen allein ein Licht ganz offensichtlich nicht mehr vonnöten, wo doch alles jederzeit so augenscheinlich spürbar war. Wir brauchten nur mehr einander, und schon das war uns bisweilen so unsagbar viel zu viel: wir waren nämlich einander geworden.

Und obwohl wir lange schon keine Worte mehr bemüht hatten, um unserem Empfinden einen Ausdruck zu verleihen, stand noch immer diese unerhörte Frage nach ebenjenem Sinn im Sein, nach dem oder zumindest irgendeinem gerechtfertigten Grund zu leben oder zu sterben ohne die geringfügigste Ahnung einer Antwort in der sich auflösenden Dunkelheit und hing nun entgegen ihrer vormaligen Unaussprechlichkeit, sich mehr und mehr von den sich aufklärenden, aus den vergehenden Schatten ins hellaufgehende Licht tretenden Umständen abscheidend, deutlicher über uns, als noch vor kurzem überhaupt vorstellbar gewesen. Wir waren nämlich indessen aus der Zeit gefallen, sind derselben inzwischen entwischt und ihr zwischenzeitlich entwachsen, hatten daher auch gar keinen Platz mehr in einer Welt, die derweil um uns jedwede Bedeutung eingebüßt, jeglichen Einfluss verloren, allen Sinn hinter sich und noch viel weiter hinter uns zurückgelassen hatte.

Wir waren also dem engstirnigen Labyrinth einer gemeingültigen Logik entkommen, hatten in uns und durch uns wie über, mit und für uns ganz neue Welten erschaffen, die ergeben in ödipaler Leichtmut schon ob ihrer bloßen Möglichkeit zur Existenz so dankbar um uns hinflossen, wie sie andauernd aufs Neue dem Traumschaum unseres gedankenbloßen Beisammen- und Daseins gleich alles schimmernd widerspiegelnden Seifenblasen entstiegen und mit ehrfurchtvoll ehrlicher Wärme uns weichschmeichelnd umströmten, um sich ihrem ach wie schönen Scheine nach uns für ewig als heilsame Schutzatmosphäre gegen das unabwendbar fortlaufend herandrängende Vergehen anzudienen und ebenso als unsterbliche Erinnerung wider jedes unabwendbare Erwachen sowie vor allem wider all die mitreißenden Verirrungen der Zeitenströme und des in unser beider Betrachtung doch beträchtlich hinkend daherkommenden Weltenlaufs.

Jener ach so lichten Logik haben wir mitsamt all den ihr definitiv zugewiesenen Dimensionen und den wiederum diesen somit unbestreitbar inhärenten Skalierungsversuchen von Zeitlichkeit und Räumlichkeit wie von Denkbarkeit, Dankbarkeit und weiterem Gutdünken schlicht durch unser beider entschieden eskaliert dimensioniertes Abwenden von ihrem vermeintlich so notwendigerweise logisch anspruchsvolle Wirklichkeiten gebärenden Anschein und den dementgegen vollbewussten Eintritt ins Unbewusstsein einer verinnerlichten Finsternis abschwören und entgehen können. Die höchstmögliche Freiheit erwuchs uns also mittels einer unbedingten Entsagung an die Welt und all ihr vielfach monotones Betreiben aus einer selbstgewählten maximalen Isolation wie in einem vollkommenen Rückzug in diese so umstandslos tolle Zwei-Einsamkeit.

„Spürst du nun mich oder spürst du dich nun selbst?" fragte sie dann ganz unerwartet, dachte ich plötzlich recht geistesabwesend, wie wir dem inständig nachzufühlen begannen, wohl auch nicht in Erwartung einer nachgerade sprichwörtlichen Antwort mit einer hintergründig weich um die liebevolle Stimme wogenden Sanftheit in den so eng wie offen und schwer bedeutungsleer um uns liegenden Raum hinein, sodass es daraufhin nur mehr ihren achtsam meinen zitternden Unterarm umspielenden Fingern zu verdanken war, dass ich überhaupt noch irgendeine Verbindung zur vielfach besagten, ansonsten jedoch in fast vollständig wechselseitig wirkender Abneigung sooft versagten, uns aber zumindest, wie zu unserem gegenwärtig aufgehenden Glück, physisch zusammenbringenden Wirklichkeitsebene aufrechterhalten konnte und mich nicht auf der Stelle selbstvergessen in allgemeinem Wohlgefallen aufzulösen begann.

Ich nahm daraufhin ihre zartklugen Hände, welche uns bebend vor der ehrfurchtvollen Ergriffenheit unseres endlosen Moments als äußerste Organe der sinnlichen Wahrnehmung geblieben waren und mir zudem ein letzter Anker in den rauen Wogen dieser Welt, und faltete sie zusammen mit den meinen unbeholfen vorsichtig zu einem bewusstlosen Gebet der gemeinen Dankbarkeit für das Erlebte wie zu einer gleichsam unbewusst zur flehentlichen Forderung herangewachsenen Fürbitte von anmaßendem Anspruch und Ausmaß, die sich um eine zumindest leise Hoffnung auf den zeitweisen Fortbestand dieser ihrem reinen Wesen nach prinzipiell doch so unendlichen Einheit recht innig bemühte, bis behutsam und schüchtern Tränen eines hoffnungsfrei aussichtslosen Glücks wie von glückstrunkener Hoffnungsvergessenheit mit der reinigenden Wirkung geheiligter Wasser auf unsere manische Einfalt herabzurieseln begannen.

„Ach komm, lass es sein!" habe ich ihr schließlich geraten oder sprach sie endlich zu mir, wie wir uns beide aufrichtig zu denken glaubten. Und wir kamen wirklich zusammen und ließen es sein: so war es nun also, und wir lagen weichgebettet auf der geschmeidigen Unmöglichkeit dessen, was uns wohl nur hier und jetzt widerfahren durfte und konnte und schmiegten uns in traumhafter Gedankenverlorenheit an die mit urmütterlicher Wärme umarmende Literie unserer unaufhörlichen couverture amoureuse aus allzu greifbar entschwindenden Hoffnungen. So entschliefen wir allerdings sehr bald dieser Welt, erschöpft von der in ihrer metaphysischen Schwere kaum mehr erträglichen Seligkeit jener so zahl- wie namenlosen Akte so liebevoller wie liebestoller Freigiebigkeiten und waren dabei schon mehr als einmal fast erdrückt worden von der schieren Intensität all unserer selbstlosen Hingaben; und es hätte wahrscheinlich auch wirklich gar nicht mehr viel gefehlt, da wären wir widerstandslos von deren freimütiger Ehrlichkeit bezwungen worden und reglos gelähmt von ihrer ehrfurchtvoll offenherzigen Ergebenheit.

Über unseren einmütigen Schlaf zog derweil heimlich, gestaltlos und förmlich unerkannt der Schatten eines unaufhaltsam vergehenden Glücks, dessen hellaufleuchtendes Strahlen uns noch während der atemlosen Momente zuvor Luft war und Licht in einer um und um in ihrer unverhohlenen Verblendung vakuumisierten Wirklichkeit. Unterdessen träumten wir wohl untrennbar aneinandergeschmiegt von der Rückkehr zum gemeinsamen Ursprung im verlockenden Schutz einer finsterwährenden Ewigkeit, in die hineingeboren wir uns hatten einzig glauben dürfen. Und tatsächlich wurde in jener Nacht auch etwas zur Welt gebracht: Erfahrungen von unschätzbarem Wert, auf ewig Teil der künftigen Persönlichkeit – und damit auch Element jeder von nun an möglichen Welt –, lösten ein weiteres Stück der so lange verloren geglaubten Kindheit ab, das so glücklich ob seiner momentzerreißenden Erfüllung in den hemmungslos lodernden Flammen dieser Nacht verbrannte und als glühender Funke zu den Sternen sich aufgemacht hat, wo er noch immer auf uns hofft und pulsierend erstrahlt in glänzender Erwartung unserer endgültigen Rückkehr.

Wie überwältigt von einem überirdischen Rausch erwachte ich schließlich unglaublich ungläubig und mühsam aus diesem allzu unwirklichen Traume, erschöpfter noch als während der unsagbar schönen und langwährenden Momente des Entschlafens, zumal die so weitgehend unbegründete wie unbegreiflich überpräsente Euphorie, in der wir uns ob all der nackten Tollheiten fast bis ans Ersaufen gebadet hatten, nun verdunstet war, als feiner, kaum sichtbarer Nebelring um uns lag und in der schmierigen Unförmigkeit winzig kleiner Tröpfchen unauffällig dem engen Raume entlang seiner Ränder und Kanten wie durch die Ecken, Ritzen, Winkel und Fugen zu entkommen suchte, ganz so, als ob sie eben entgegen ihrer wesenseigenen Entzückung gerade doch sehr unerwünscht gewesen wäre oder es sie vielleicht gar nie hätte geben dürfen.

Im arg beengten Kreise der halb und halbdurchsichtigen Intransparenz dieses klammheimlichen Dunstes war sie neben mir wohl schon länger zu sich gekommen und ließ wachsam verlegen lächelnd, leicht über mich gebeugt, eine satte Träne fallen, was sie selbst scheinbar mindestens ebenso sehr überrascht hatte wie mich, wie mir ihre feuchtweiten Augen untrüglich verrieten. Diese aus verflossenen Freuden zum unzeitgemäßen Konzentrat des Moments geronnene Enttäuschung über die generelle Vergänglichkeit allen Seins zerplatzte darauf ganz leise, mit einem bloß aufmerksam vernehmbaren, doch dafür insgeheim so enthusiastisch platschenden Klatschen auf meiner Haut, perlte aber sogleich an mir ab und rann dann langsam erkaltend und behutsam geführt von der Gravitation des Unausweichlichen ihres vorbestimmten Weges, dem Mittel- und Schwerpunkt der Dinge entgegen; und in diesem einer alternativlos endgültigen Auflösung unheimlicherweise immer näher kommenden Niedergang zeichnete sie mit der Präzision einer ausweglosen Ewigkeit ganz sanft eine vielsagend flüssige Wunde in diesen vor lauter Traurigkeit und Erfüllung ach so spürbaren und merklich bemerkenswerten Augenblick.

Wir waren beide noch immer kraftlos ermattet, hatten tollkühn das Glück mehrerer Leben in der düsteren Geborgenheit einer einzelnen Nacht verausgabt, sodass das Erlebte alles bei Weitem überstiegen hatte, was sich zuvor auch nur hätte erträumen lassen. Überwältigt von dieser vielfachen Überdehnung gelebter Phantasien und betäubt von einer wohl gemeinhin necro-narkotischen Dosis an Glück waren wir indes unfähig geworden, auch nur ein einziges Wort zu sprechen; entgegen der Nacht verstanden wir uns aber nicht mehr uneingeschränkt wortlos, denn diese Fähigkeit zu universeller Verbundenheit und unbedingter Kommunikation war unwiederbringlich auf einer anderen Ebene zurückgelassen worden, die wir nun gewiss schon und leider wieder verlassen hatten. So zog langsam, aber schmerzlich spürbar eine außergewöhnlich ungewohnte Stille trennend zwischen uns, wo sie noch zuvor so einend um uns gewesen war: wir waren nämlich einander gewesen.

Draußen hatte sich derweil der Himmel wieder vollends unvorstellbar hinter grauschwebenden Mauern verborgen und auch der kalte Boden rings um uns lag unüberwindbar, vollkommen bedeckt mit den spitzzackigen Scherben zerbrochener Träume und in tausend trauernde Trümmer gegangener Hoffnungen, welche seltsam funkelnd damit drohten, uns jeden weiteren Schritt auf unserem wohin auch immer führenden Wege mit tiefen Schnitten ins begierig verletzliche Fleisch zu bedenken, die immerfortschmerzende Wunden hinterlassen würden. So waren wir Unglücklichen gefangen in und verdammt zu unserem zeitlosen Glück, ohne jede Möglichkeit, unserem warmgelebten Traume wie dem unweigerlich kalten Erwachen daraus zu entgehen, denn jeder unüberlegt spontane – aber wahrscheinlich auch der von langer Hand vorzüglichst geplante – Fluchtversuch hätte von nun an in einem banalen Gemetzel geendet, hätte in fürchterlich blutigem Grauen bis hin zum möglichen Tod sein elendes Ende gefunden.

Wie gern aber hätte ich sie dennoch befreit gleich mir selbst, sie gewissenhaft angeleitet, vorsichtig hingeführt und dann entschlossen hinausgetragen in die ungewiss graugerahmte Freiheit einer darum bedrohlich gewissenlosen Welt, um ihr dort gleich mir einen gangbaren Weg zu den Zielen unserer gemeinsamen Träume zu bereiten, der wirklich dorthin hindurch und hinaus hätte führen sollen, wo ja schon die kleine Welt direkt hinter den verdunkelten Fenstern so unerreichbar fern erschien und darob auch vollkommen unwirklich; allein mir fehlten Kraft und Mut und selbst Vertrauen, sie gleich mir dieser scharfkantig bohrenden Realität mit ihrer allzu einmütig rissigen Oberfläche auszusetzen, wie ich doch schon meine meine Geruhsamkeit arg bekümmernden Gedanken kaum mehr ertragen mochte, da sie eben zu keinem Ziel mehr gelangen wollten, wo sie ja zugleich so vieles zu erreichen suchten.

Im Anschluss an dieses endlose Verzagen reihten sich die Momente in zeitlosem Verrinnen solange unversehens aneinander, bis schließlich die Sonne in einem seinem hellwährenden Anschein nach erst kürzlich aufgegangenen Spalt zwischen einer konturlos unbeweglich schweren Wolkendecke und der engen Erde darunter untergegangen war und knapp darüber ein paar glänzende Flugzeuge auf ihren geschäftigen Reisen rund um die Welt mit der pseudochirurgischen Präzision atmosphärischen Übermuts die golden leuchtenden Narben unserer selbsteuphorischen Zeiten in das späte Glühen des abgeflachten Horizonts gruben, welche sich dann geradewegs davon ausgehend in die in hellblauem Vergehen entschwindende Unendlichkeit eines fortan immer weiter aufgeklärten Himmels verlängerten.

Die daraufhin zwangsläufig klar heraufziehende Nacht ließ uns keinen Raum mehr für weitergehende Gedanken. So schliefen wir im ohnmächtigen Gefühl der Ermangelung etwaiger Alternativen wie aus Angst vor dem endgültigen Erwachen abermals ein, wohl noch enger aneinandergeschmiegt denn zuvor, ganz so, als ob uns dies auf immer unzertrennlich mache, und wärmten uns aufs Neue, wiewohl zum allerletzten Male, gewissenhaft an der noch lau vom vergangenen Glück gespeisten Gegenwart gegen die kalte Ungewissheit einer gemeinsam einsamen Zukunft, wobei wir die noch immer unausgesprochen, doch nun ob ihrer offenschwelenden Erheblichkeit schon spürbar immer näher einer echten Aufklärung entgegenstrebend im Raum schwebende Frage nach dem Leben, dem Tod und dem sie im besten Falle vereinenden Sinn – oder den sie womöglich gar unmerklich verschmelzenden Sinnen – freigiebig ins Unbewusste drängten, obschon wir somit die fraglos ausstehende Antwort gleichsam einem so unbestimmbaren wie unausweichlichen Schicksal gleich über uns zwangen, wie manch ein Gott jeden Tag eine Nacht um seine Welten, eine letzte dunkle Freiheit als jüngster Richter über die endgültige Länge oder kurzwährende Dauer der momentanen Ewigkeit unseres gemeinsamen Glücks, wie wir wohl insgeheim bereits beide geahnt hatten.

Und am nächsten Morgen war sie dann fort, noch eh' ich erwacht, und gleich ihr verschwunden die unaussprechliche Botschaft des traumhaft verheißungsvollen Versprechens dieser Nacht, welche im unverhofft klaren Licht eines neuen Tages nur mehr wie ein versehentliches Versprechen inmitten der unmissverständlich interpretationsoffenen Rhetorik ferner Träumereien wirken mochte. Immerhin war auf diese so unsäglich verlassene Weise aber, zumindest was meinen Teil anbelangte, jene jederzeit bewusst unterdrückte und immerfort beharrlich unberücksichtigt belassene Frage nun zweifellos ebenso einwandfrei wie zweideutig beantwortet, denn beide Möglichkeiten einer diesbezüglich expliziten und ehrlichen Erwiderung konnten all ihrer offenbaren Gegensätzlichkeit zum Trotz nur und einzig zusammen korrekt sein und richtig und wahr und waren deshalb auch immerzu so untrennbar miteinander im Einklang, wie ich es ja selbst einmal gewesen bin, in einer schon jetzt unerreichbar fern scheinenden Nacht mit den hell über meinem Leben erstrahlenden Sternen, als mich mein Schicksal so vielversprechend zärtlich geküsst hat: es konnte nämlich kein Leben geben ohne den Tod wie ohne Tod auch gar kein Leben sein konnte. Folglich muss es sich für etwas Wahrhaftiges im selben wie im allerhöchsten Maße zu leben und zu sterben lohnen – und freilich gilt es ebenso wie immerzu alldafür selbst bereit auch zu sein.

(November 2010)

Dia log – ein Nachtgespräch

Müde und ein kleinwenig verträumt blinzelten die beiden verwunderten Augen in eine überraschend unveränderte Welt. „Ich kann mich gar nicht daran erinnern, eingeschlafen zu sein. Das letzte, woran ich mich erinnere, bist du. Kannst du dich denn an dein Einschlafen erinnern? Oder weißt du zumindest, wie lange ich gerade in etwa geschlafen habe?" – „Weder habe ich diese Nacht, meine Liebe, bislang überhaupt geschlafen, noch kann ich mich, um mit dir und deiner jüngst erwachten Fragerei nun auch einmal ganz ehrlich zu sein, allen Ernstes daran erinnern, jemals wirklich erwacht zu sein. Und die Zeit, welche ich hier an deiner Seite zugebracht habe, während du dem sanftruhenden Anscheinen nach geschlafen hast, könnte ich dir wohl recht gewiss mit einiger Genauigkeit benennen, wennschon dies eben für dich keinerlei tatsächlich weiterführende Bedeutung besäße, wie du ja derweil selbst doch ziemlich zeitlos verblieben bist. Allerdings bin wohl nun wiederum ich weit mehr als deine bloße Erinnerung, wenn und wie ich über deine raumlose Zeitvergessenheit wache wie über dein Hinabsinken in diesen beglückend wirkenden Schlaf, dein seligweilendes Verbleiben im selbigen und dein argloses Auftauchen aus ihm, wie ich über deinen dann schutz- und wehrlos ruhenden Körper wache, den wahren Grund der Möglichkeit dieser traumhaft zeitlosen Glückseligkeit, von dem sich dein freilich nun gerade erst recht aufgeweckter Geist wohl unerhört entfernt hatte, um derweil lustvoll, erhaben und freischwebend seine unermesslichen Bahnen in außersphärischen Höhen zu ziehen und weltvergessen herumzutreiben im allweit offenen Rahmen der Unendlichkeiten, und um eben dabei ums All selbst wie nichts sonst zu kreisen. Und du müsstest es doch mittlerweile schon selbst am besten wissen, wie hoch ich ihn schätze, den heilig heilsamen Schlaf, wie er mir gleich dir und uns allen mit seinen zeitlos ausgedehnten Räumen so endlose Möglichkeiten weit übers Denken und Fühlen und gar übers Träumen selbst hinaus weist. Und die Realisierung dieser traumhaften Potentiale, ihre schlaftrunkene Verwirklichung, ist jederzeit gewissermaßen nur einen halben Wimpernschlag entfernt, uns also immerzu ganz, ganz nah, oft sogar noch weitaus näher, als wir uns selbst sind oder gerne kommen mögen, wie sie uns ständig inständig begleitet und umgibt. Dennoch plagt mich indessen – wie wohl jetzt gerade auch wieder einmal – vor jedem Einschlafen unablässig eine nachgerade existentielle Angst, die höchstwahrscheinlich daher rührt und dahin geht, dass ich wahrlich befürchte, in wie über und nicht zuletzt an meinen geliebten Schlaf und seine wundersamen Freiheiten mich selbst gleichwie die ganze Welt zu verlieren, gerade wenn und weil ich ja sein ganzes unglaubliches Vermögen bis zum Äußersten auszuschöpfen begehre. Allerdings nährt sich aus ebendieser tiefgründenden wie weitreichenden Furcht stets auch die sehr lebendige Hoffnung, die eine Nacht nun endlich doch einen Sieg im ewigen Spiel um Alles oder Nichts davonzutragen." – „Und solch ein Sieg bestünde deiner selbstlosen Ansicht nach genauer genommen worin?" – „Im Nichts, Allerliebste, einzig im Nichts!"

Sie begann darauf langsam zu nicken, versuchte zunächst unter Umständen und schien dann bald auch wirklich zumindest ein wenig zu verstehen und sprach daher im untrüglichen Rollenbewusstsein ihrer bloßen Begleitung und unkritisch veranlagten Akzeptanz dieser in und ob seiner unentwegt altklug formalisierten Sprachgewandtheiten müde, zaghaft und alltagsverdrossen gewordenen Universallyrik eines eigentlich schon mehr denn selbstgenügsamen Monologs schlechterdings weiter: „Auf dass also dein traumverworrenes Geschicke dir außerhalb von Raum und Zeiten nichts als Nichts bescheide! Und ich kann darum wie dem Ganzen zum Trotz fürs Erste wie zu guter Letzt nicht mehr umhin, dir eine unendlich gute Nacht zu wünschen, mein Allerliebster. Schlaf all so wohl, wie irgend möglich!" Genauso sprach sie's und dachte wohl bei sich noch heimlich weiter: ‚Schlaf wohl, mein Liebster, wohl weiter, weiter wohl bis an irgendein Erwachen; doch bitte, bitte: bleib bei mir!'

Ihre Blicke suchten und fanden sich dann abermals in der still um sie liegenden Dämmerung ihres Beisammenseins und sie sahen einander noch einmal, wie zur gegenseitigen Versicherung, in die so wohlgesinnten wie -bekannten Augen, woraufhin sich die beiden friedvoll voneinander abwandten, den je eigenen Belangen zu, und eine versöhnlich harmonische Weile lang in der geheimen Erwartung eines unglaublich süßen Erweckens beieinander ruhten, bis die dann folgende Frage all ihre geruhsame Verbundenheit so offenbar grundlegend wie vermeintlich grundlos zu erschüttern anhob, wie sie wie auf ein unbestimmtes Abwarten hin so vollkommen unerwartet aufkam, gleichwie mitten aus einem unbemerkten Nichts heraus, von wo aus sie so treffsicher das Ganze wie alles sie darum Verbindende nur so ins Wanken brachte: „Glaubst du denn, Liebster, man kann einfach so sterben – also bloß so, wenn und weil man's gerade wirklich will?", sagte sie scheinbar ohne jede innere Rührung mit der bedenkenlos gedankenverlorenen Gewissheit eines unerhörten Selbstgesprächs in den bislang behutsam ihre Zweisamkeit umfassenden Raum hinein, der sich wie gewohnt zwischen ihre Gedanken und Gefühle wie um ihr gemeinsames Erleben gleich einem unsichtbaren Bund aus Vertraulichkeit und tiefem Verständnis gelegt hatte.

Regungslos verharrten sie daraufhin in Raum und Ruhe, beinahe so, als wär' auch weiter nichts gewesen, doch ihre Anspannung nahm indessen ungeheuerliche Ausmaße an, wie so allein die Frage wirkte wie sonst nichts und ein jeder für sich wie noch mehr für den anderen gleich allem anderen nach einer passenden Antwort oder einem möglichen Ausweg suchte. Seine augenscheinliche Bewegungslosigkeit war jedoch keineswegs einer regungslosen Ignoranz geschuldet, sondern sie rührte vielmehr von sehr viel tiefer her, von einer eisigen Lähmung nämlich, die sich ausgehend von der Unbegreiflichkeit des Unsagbaren augenblicklich in einem erstarrenden Entsetzen seiner bemächtigt hatte.

Als sie schließlich auf eine einsam kurze Ewigkeit des gemeinsamen Schweigens hin, welche sie seiner erwarteten und durchaus erwünschten Suche nach einer billigen Antwort noch bereitwillig zugestanden hatte, sich aus ihrer eigenen versuchsweisen Versunkenheit gelöst und dann ihm zugewandt seine leeren Augen in ziellosem Starren befangen vorgefunden hatte, fasste sie, nun selbst von der namenlosen Angst kühl berührt, die ihn so unheimlich fest ergriffen, seine kalten Hände und verfing sich daraufhin zusehends im kläglich scheiternden Versuch einer spontanen Rechtfertigung ihres allzu wissbegierigen Verlangens:

„Ich meinte doch nur, ob es denn nicht vielleicht, zumindest in irgendeiner abstrakten Theorie oder entfernt etablierten Praxis, irgendwie möglich sei, durch das bloße Denken und reine Wollen, durch einen innerlich beständig vorwärtsdrängenden wie unverhohlen mutwillig aufdringlichen Wunsch also, seine vitalen Funktionsmuster und Strukturprinzipien zu überwinden oder aufzugeben, ob also ein inständiges Begehren, oder doch wohl eher ein intentionaler Gedanke, gewissermaßen ein zielgerichteter Akt des Bewusstseins selbst also, es denn nicht auch irgendwie bewirken könne, die Dispositionen und Potentiale einer gemeinhin zunächst notgedrungenermaßen Zeitweises bedingenden Materialität grundlegend und irreversibel zu gestalten?" Sein ausdrucksfreier Blick durchdrang sie inmitten der ihm wahrscheinlich selbst so vertraulich anmutenden Argumentationsgänge mitsamt all den so haltlos vorgebrachten Rechtfertigungen gleich ihrer schluchzenden Verzweiflung weiterhin wie substanzlose Transparenz, wie auch ihr vorsichtiges Rütteln an seiner schlaff herabhängenden Schulter seine gegenwärtige Abwesenheit gleich seinem offensichtlichen Verschwundensein irgendwo in oder hinter den nicht einsehbaren Weiten des sie nun fraglos umgebenden Raumes nur noch umso mehr bestätigte.

Das inzwischen immer stärker mit frostkalter Gewissheit aufflammende Gefühl der eigenen Verantwortlichkeit – oder vielleicht sogar Schuldigkeit – zwang sie schließlich selbst auf eine aussichtslose Suche in der unendlich groß um sie her aufgezogenen Dunkelheit, auf welcher sie sich gewiss in derselben verlieren, ja mithin sogar unweigerlich selbst zur Finsternis werden würde, wie sie wohl bereits schmerzlich hoffnungsfroh ahnte. Einzig lag nämlich ebendarin ihre letzte Möglichkeit in diesem immensen Zusammenhang begründet, und im Endeffekt hätte sie dann ja wohl ihr Ziel erreicht, den verlorenen Gefährten wiederzufinden oder ihn wohl eher gleich ganz, und zwar für immer unzertrennlich verbunden, bei sich zu wissen, wenn auch – oder ebengerade weil – sein nach wie vor in einem von schockierter Bewegungs- und Bewusstlosigkeit befangenem Verhängnis verharrender Körper den leeren Blick nach wie vor gegen eine unbestimmte Unendlichkeit richtete. Auch die zuvor so nachlässig leichtfertig wie unbedacht und fahrlässig impulsiv geäußerte und alles weitere damit erst einleitende Frage sollte ihr dann wiederum kaum mehr denn ein müde ironisiertes Lächeln auf die mit trockener Neugier nach unsagbar fernen Antworten dürstenden Lippen locken, denn Tod war eben – ob man's nun wolle oder nicht – alles, alles außer eben Leben.

(Januar 2012)

Unendlich zuhause?

—

Raum und Traum einer Selbstbegegnung oder: von Wegen und Wesen einer Begegnung mit sich selbst

I Der Anfang vom Ende eines Weges zu sich

Er betrat den seiner herausragenden Bedeutung wohl schon dem ersten Eindruck nach höchstangemessen erscheinenden Bau ziemlich gewiss mit traumwandlerischer Bestimmtheit, ohne sich dabei gar wirklich viel gedacht haben zu können, und ließ dann hinterrücks die massive Türe so geistesabwesend wie aus müheloser Gewohnheit mit einem lauten Krachen ins eherne Schloss gehen. Doch mit dem dann das ihm so uneinsehbar, wiewohl ganz offensichtlich unmittelbar Bevorstehende mittels des lang und immer länger entlangrollenden Grollens seines eigenen Widerhalles ausmessenden Schlag der nun hinter ihm verschlossenen Pforte war er wider jedes in sich ruhende Erwarten urplötzlich vollgegenwärtig geworden, ganz so, als sei er nun das erste Mal wirklich erwacht, und fand sich hochfokussiert mitten in einen allseits weithin offenstehenden Moment hineingestoßen, in welchem er sich angesichts seiner mehr als beeindruckenden Wahrnehmung mit fast schmerzzerreißend gespannten Sinnen überdeutlich zu spüren bekam.

Darüber hatte er freilich schon, was ihm wohl gerade ganz und gar nicht besonders bewusst gewesen, beinahe wie achtlos alles andere um sich vergessen, nämlich neben den konkreten Beweggründen seiner gesamten Reise wie deren eigentlichem Ursprung auch die hintergründigen Motive dieses ganz spezifischen Aufenthalts, und ebenso seinen wohl beschwerlich langen Weg hierher, die nähere Umgebung des stattlichen Bauwerks, in dem er sich nun ja augenscheinlich befand, wie dessen ungefähre Außenansicht und sogar den wahrscheinlich in jeder allgemeinen Vermutung als sehr wertvoll erachteten Schlüssel für das schwere Tor samt der überaus widrigen Umstände, unter denen er an denselben herangelangt war – oder unter welchen wohl eher derselbe ihm zugetragen worden ist. Allerdings mag es hierbei durchaus recht falsch und ziemlich ungebührend erscheinen, von einem Vergessen im gemeinen Sinne zu sprechen, denn wer kann schon mit Sicherheit wissen, ob er's denn je auch habe wirklich wissen können – entfallen ist's ihm gleichwohl sehr wohl.

Jedenfalls vermochte er nun, die Wucht des alles erst einleitend beschließenden Knalles in seinen Gliedern schwungvoll wie reine Kraft widerhallend, schlicht nicht mehr anders als zu sein und zu fühlen, zu erfühlen und dann zu sehen, hin- und hineinzusehen und darauf rein und einfach drauflos zu gehen, was ihm wie seinem auf einen dumpfen Schlag hin erwachten Blick sogleich allzu offenstand, wie er sich in einen recht niederen und engen, dafür aber auch unsagbar langen Gang gezwängt und gedrungen wiederfand wie gedrängt und gezwungen, denn dieser ausschließlich in seiner eigenen hochfokussierten Betrachtung solchermaßen ausgedehnte Ausmaße annehmende Korridor lag zu manchen Teilen im eigentümlich warmscheinenden Licht einer tiefstehenden Sonne, welche durch die offenstehenden Türen zur Linken der in bedrängender Enge langgezogenen und zugleich weitläufig schmalgängigen Räumlichkeit wie im lichterprobten Zusammenspiel mit den von ebendiesen sonnengefluteten Seitentüren unterbrochenen Wänden ein abwechselnd leuchtendgrelles wie mattbeschattetes golden-gräuliches Muster besorgte, an dessen vermutlichem Ende, schon verschwindend in einer mustergültig von unbestimmtem Dämmern bestimmten Düsternis, schemenhaft zwar und wohl viel eher in seiner voraussichtlichen Vermutung, denn in seinem sehenden Auge, zwei Treppen auszumachen waren, deren eine dort nach oben führen mochte, wo die andere sich wohl ungewiss nach unten zu winden begann.

Mit vor Ahnungen wie Erwartung schwer gewordenen, so lang- wie achtsamen Schritten ging der binnen Kürze von der allumfänglichen Bedächtigkeit dieses hohen Ortes tief Ergriffene wieder und wieder durch Licht und durch Schatten, verblendet wie unbesonnen weiter und weiter nach und nach den beiden Treppen hin, die in seiner konzentrierten Wahrnehmung bald immer deutlicher sich aus den fließenden Schemen seiner vermutlichen Vorsehung als Erscheinungsform gegenständlicher Wirklichkeit herauszulösen anhoben. Unter dem fortlaufend knarzenden Widerspruch der groben Holzdielen durchschritt er hin- und fortbewegt von fernbestimmten Zielen viele Male die wie verträumt im überwirklichen Licht einer goldglühend ihrem feierlichen Untergang geweihten Sonne ruhenden Zwischenräume, die zwar für sich wohlig waren und warm, doch in ihrer allzu spürbar ersichtlichen Verblendung jeden wachsamen Blick in seiner ehrbaren Aufmerksamkeit über alle tragbaren Maße hinaus ebenso beeinträchtigten wie jedweden davon ausgehend nach irgend tieferen Gründen oder höheren Bestimmungen weiterzuführen gedachten Gedanken, wo einem doch schon Schritte und Atem in der dort dick und stickig abgestandenen Luft nicht unerheblich erschwert waren.

Dünn, klar, kühl und leicht waren dagegen Atmosphäre wie Bewegung in den schattigen Zwischenräumen, in denen wiederum nicht nur die beiden zumindest doch ihrem fernen Anschein nach mit jedem Schritt immer näher heranrückenden Treppen mehr als deutlich auszumachen waren, sondern davor sogar noch die in vielfach ungezügelten Spiegelspielen wie verzaubert schwebenden Partikel aus goldglühend beschienenem Staub im vor der je nächsten Seitentüre warm sich und träge drängenden Licht. Aber unwohl und bange machte ihn dies weitaus weniger als halbe Licht, von dem aus besehen gar der zuvor so wohlversprechende wie wärmespendende Schein der Sonne eben in seinem wie selbstverliebt aufscheinenden Glanze so betrübt und uneinsichtig bedrohlich zu wirken vermochte wie höllisch glimmende Nebel.

Freilich bemerkte er all das, so beeindruckend gegenwärtig es ob seiner bloßen Präsenz auch immer gewesen sein mag, nur ganz am Rande seines gerade beschrittenen Weges, denn sein eigentliches Bestreben, der tatsächliche Beweggrund und damit wohl das wahre Ziel seiner Anwesenheit – und somit vielleicht auch seines ganzen sprichwörtlichen Daseins – mussten ja wohl die beiden Treppen am Ende dieses langen Ganges mit den zahllosen Seitentüren sein. Dieser für ihn vollkommen unhintergehbaren Erkenntnis zum Trotz war ihm in seiner andächtigen Zielstrebigkeit, auch ohne je wirklich nur einmal zu einer Seite hin geblickt zu haben, sehr schnell bewusst geworden, dass alle Türen zu seiner Rechten geschlossen waren und nur eben die ihnen gegenüber zur Sonne hingewandten weithin offenstanden.

Doch nach seinem zeitlosen Gang durch diesen engweiten Raum voller Widersprüchlichkeiten – Licht und Schatten hinter sich – endlich an seinem mutmaßlichen Ende angekommen, wusste er im Anschluss an die bisher unumgängliche Eindeutigkeit seines Weges mit der so plötzlich wie eigentlich doch sehr lange schon vorhersehbaren Entscheidung konfrontiert weder auf noch ab, und blickte so zum ersten Male schüchtern und beinahe ehrfürchtig, wiewohl auch insgeheim in der dumpfen Annahme, wo einst ein Eingang gewesen, da sei alsdann auch ein Ausgang zu finden, den langen, schmalen Gang zurück, der sich nach manch lichter Unterbrechung schließlich vollends im raum- wie namenlosen Dunkel verschwindend verlor, aus dem er nun schon so weit vorgedrungen war und wirklich bis hier hergelangt – und das selbst so unglaublich vieles vergessen machen konnte.

Die Vielzahl der Türen ließ ihn jedoch sogleich erschaudern und noch mehr, dass die jeweils dahinterliegenden Räumlichkeiten sich je nachdem, wie sie zum Licht, oder vielmehr zu seinem glutflammenden Quell, sich verhielten, auf dergestalt gegensätzliche Weise, sei es in blendender Offenheit oder in offensichtlich vollkommener Verschlossenheit, vor seinen Blicken wie vor jeglicher anderweitig tiefergehenden Einsicht zu schützen und verbergen wussten. Einzig ein ungewohnt bekanntes Rauschen drang kaum vernehmbar, aber vielleicht gerade deshalb so urtümlich beruhigend aus einer ungewissen Ferne wie von einem unbestimmten Ursprung her an sein achtsames Ohr und begabte ihn deshalb an dieser Stelle unbewusst mit heimlicher Zuversicht. Allein, das spürte er nun in jedem Falle, wie er so stand und fühlte und war, wie er war, dastand und es fühlte, ohne noch wirklich denken zu können oder zu müssen oder ohne es vielleicht gar mehr zu dürfen, allein war man hier nie und nimmer, so nah an der geheimnisvollen Heimstatt der Wesenheit aller Existenzen.

Wie weit aber mochte nun die eine Treppe einen gegen die Reiche der Himmel hinaufführen? Und wie weit ihr entgegen die andere hinab ins Erdreich? Wie viele Stockwerke gruben sich in die Tiefe, wie viele reckten sich in die Höhe und vor allen Dingen Gehalten von welcherlei Art mochten sie dabei wohl jeweils eine Zuflucht gleich einer Zukunft gewähren? Und – das war ihm gerade wohl die drängendste und naheliegendste unter den Fragen – wohin sollte er sich denn selbst aufmachen, nachdem ja nicht beide Wege zugleich gangbar waren und er seinerseits natürlich unteilbar? Sollte er sich ins Innere des Himmels vorwagen und somit weit über sich selbst hinauswachsen? Oder hatte er nicht vielleicht doch ins Innerste der Welt vorzustoßen und damit gleichsam tief in sich selbst einzugehen?

Unten, in den Gängen, Gewölben und Kammern des Kellers, wird vermutlich erdnah, konkret und auch recht begreiflich all das gelagert sein, was im menschlichen Verständnis, wie wohl auch recht weit darüber hinausgehend, Erfahrung und Erkenntnis ebenso einschließt und bedeutet wie Erlebtes, Erinnertes und Empfundenes. Das tatsächlich Erfahrene und mithin bereits einmal – oder schon mehrmals – Vergangene ist es also, was dort unten in immerfort gegenwärtig rückwirkendem Widerhalle seiner selbsterfahrenen Vergänglichkeit den eigenen Ursprung gleich einer ewigen Heimat gefunden, weshalb sich darunter bestimmt auch die kostbaren Schätze der Kindheit befinden, gefühlvoll eingehüllt in einen unerschütterlichen Glauben an sich selbst wie die Beständigkeit der eigenen Welt und lieblich naiv verpackt in mit verblichener Empfindsamkeit, ehrfürchtiger Ergriffenheit und nostalgischer Gefühlsseligkeit schmuckvoll versehene Erinnerungskisten, die einzig versperrt sind von den haufenweisen Ansammlungen reichlich kulturell angestaubten und massenweise vorsozialisierten Gerümpels eines mutmaßlich standesgemäß verstandesgeleiteten Erwachsenenlebens wie auch und ganz besonders vom zeitweise außerbewussten Schloss eines eben in seiner Undurchsichtigkeit höchstnebulösen Glaubens an das phantastische Phantom einer unilinearen Zeitlichkeit, das in der bedrückend aufdringlichen Omnipräsenz und wankelmütig schaukelnden Stringenz einer rundherum unter schweren Schwüngen – tuck, tack, tock – tickend umherpendelnden Standuhr – oder gleich einer im kriselnden Fortlauf ihres Innersten immerzu weiterverrinnenden Sanduhr – stets strebsam versucht war, diese tiefruhenden Schatzkammern gleichwie jede noch so geringfügige Erinnerung daran zu geist- und grundlosen Phantasmen herabzuwürdigen, um somit in diesem reichlich temporären Zusammenhang beizeiten erweckte Einbildungen ebenso zunichte zu machen, als auch deren Verwirklichung unerreichbar fern erscheinen zu lassen oder zumindest den geläufigen Weg dorthin bis zur Uneinsichtigkeit zu verstellen, mit allerlei Ablenkungen, Verleitungen und der Umleitungen mehr zu versehen und somit einer gefühlten Unmöglichkeit recht nahe zu bringen, die einzig einem andauernden Vergessen sehr ähnlich sieht. Der Schlüssel zu ebendiesem zeitwesen Schloss liegt nun allerdings, was die Sache nicht eben wirklich einfacher machte, in der Kindheit selbst, in ihrer verspielten Offenheit gleichwie in ihrer unschuldig freiheitlichen Neugier und in der ehrbar aufrichtigen Augenblicklichkeit ebenso wie in ihrer ehrfurchtvoll gegenwartszugewandten Natur.

Wie gerne wäre er darum einfach unbedacht hinabgestiegen, um dort unten herumzustöbern und sich davon überraschen zu lassen, was sich auch immer finden möge, gäbe es da nicht eben auch die oberen Geschosse, in denen dann dem Sinne der unteren weiter folgend existentielle Universalien gleich abstrakten Konzeptionen vom Sein selbst beherbergt waren, also gewissermaßen alles nur erdenklich Mögliche, dessen zeitgemäß wie materiell erforderliche oder tatsächlich bewusst erzwungene Realisierungen sich dementsprechend im Keller finden lassen mussten. Ewige Weisheiten ruhen dort oben wohl neben Träumen und Hoffnungen, Aussichten oder Vorsehungen gleich Erwartungen und Befürchtungen sowie Versprechungen und Verheißungen, in denen all das Potential des gegenwärtig wie wohl überhaupt und jemals Seienden als Gesamtheit seiner künftigen wie allgemeinen Möglichkeiten besteht und welche darüber noch den unerreichten Gegenwärtigkeitsdrang wie die spontane Gutgläubigkeit und die momentverhaftete Allvergessenheit des Untergeschosses mit der in sich ruhenden Gelassenheit einer wohltuend leichten und mithin bis an eine gegenwartssäumige Gleichgültigkeit heranreichenden Überheblichkeit ergänzen und so erst zum Ganzen vervollständigen.

Und ebendieser abgehobene Gleichmut war zugleich eine Art von Vorsicht und Absicherung gegenüber dem vor allen Dingen in den Kellern herumspukenden Phantom zeitweiser Unilinearität, da er in seiner unverfänglich überneutralen Unbefangenheit diesen so geradlinig wirkenden Spuk eines gleichmäßig beständigen wie einmütigen Fortschreitens von Welt und von Dingen in eine wohldistanziert zielfreie Allparallelität des Seins oder in eine totale Gleichzeitigkeit der Existenz an sich zu überführen vermochte. Andererseits weiß dies eingängig bezeichnete Gespenst aber auch die oberen Bereiche des großartigen Bauwerks ziemlich heimlich heimzusuchen, wobei es manchmal sogar manchem behilflich sein mag, unter all den gegebenen Möglichkeiten im weiten Rahmen der unglaublichen Potenzialitäten eine Entscheidung für sich zu finden. Insofern war natürlich auch den vermeintlich bösesten unter den Geistern – wie überhaupt allem – unbedingt etwas vom Guten zuteil.

Jedenfalls wagte er nun, rast- wie ratlos ob all der an ihn so frucht- wie kostbar herangereichten Erkenntnisse, doch eher aus einer bangen Furcht davor, den langen, schmalen Weg andernfalls erneut – diesmal jedoch zum schmählichen Zwecke eines schnellen und unumkehrbaren Rückzugs und nicht mehr angetrieben von der begehrlichen Neugierde des Unwissenden – zu begehen, denn aus einem wirklichen Interesse oder einem ehrlichen Bedürfnis heraus, einen vertikalen Blick entlang der sich in sich verschlungen davonwindenden Treppenstiegen, erst ängstlich und verzagt nach unten, dann hoffnungsvoll und schon ein wenig erwartungsfroher nach oben zu richten, ohne dabei jedoch wirklich irgendetwas außer in schummrigem Schwindel sich lösend verschwindender Aussichten erspähen zu können.

Ob all der vorherigen wie rückwirkenden Rücksicht und Vorsicht und Absicht und Einsicht und Aufsicht und Umsicht, und nicht zuletzt ob seiner umstandsvoll zaghaft aufkeimenden Zuversicht waren ihm die vormals noch so überklaren Sinne nun zutiefst verwirrt worden, und er fand sich hin und her gerissen zwischen Überraschung und Überforderung, Überschwang und Untergang, Vorgehen und Vergehen und hin und wieder auch befangen im ungehalten einhaltlosen Zwiespalt zwischen Einfalt und Zweifel. Er hatte schlicht den Überblick verloren in den vielfach um ihn stockenden Existenz- und Ordnungsweisen des Seins, mit denen er sich allseits konfrontiert sah und die sich ihm allesamt bestmöglich nach ihrer eigenwilligen Art anzudienen suchten, denn mit all dem Auf und Ab und Für und Wider war ihm ab und an geradewegs der Blick dafür vergangen, was sich doch eigentlich schon die ganze Zeit geradezu unmittelbar vor ihm befunden hatte und was ihm nun, erschöpft und verunsichert wegen der unablässig strömenden Fluten potenziell potenzierter

Potentiale wie ob des unverhohlen darin mitschwimmenden Dranges zu ihrer allzeitmöglichen Realisierung wie wohl gar nicht zuletzt ob deren beinahe vordringlich in ebendieser Fließrichtung untergehenden Beschränktheit, in und über wie unter den Windungen dieser zugleich hinein- wie herum- und hinauf- wie hinabführenden Spiralen unübersehbar offensichtlich geworden war, welche ein jeder wohl hundertfach verschlungen tief in sich – doch nicht ins Ich! – eingewunden trägt und in denen sich das hochkonzentrierte Erbe der Vergangenheit mit den überwältigend kontinuierlichen Möglichkeiten der Zukunft zum Gehalt und Gehabe einer unaufhörlich andauernden Gegenwart vermischt.

All so stand er nun wohlwissend, wiewohl ziemlich ungewiss, für namenlose Zeiten einfach da, uneins und traumhaft raumlos gespalten zwischen sich und dem Rest seiner Welt, bestand zwar noch geradeso und war darum da, doch auch reichlich abstrus und beträchtlich abgelenkt von all dem, was noch möglich war, wie davon, was bereits geschehen ist, bis, ja bis der Augenblick ihm endlich so offenbar entgegensah und alleinsichtig ihm offenstand, dass er nicht mehr anders konnte, als er wohl einmal gewollt haben mochte; denn es war ihm jetzt ebenso plötzlich wie ganz offensichtlich gleich auf der gegenüberliegenden Seite des windigen Treppengeländers ein anderer Gang einsehbar, der demjenigen, welcher ihn zu diesem zwiespältigen Ort der Entscheidung geführt hatte, in jeder noch so kleinen Einzelheit wie darüber gar im Großen und Ganzen selbst mehr als nur zu ähneln schien.

Nachdem er sich dann manche Weile von vorbeiziehender Verwunderung wie verwirrt und bezaubert in den undurchdringlichen Tiefen dieses Anblicks zu verlieren gesucht hatte, da erkannte er darin alsbald, wie aus den schweren Nebeln eines unbewusst verdrängten Vergessens auftauchend und also endlich von den grauen Schleiern des Vergangenen befreit, gar kein wirkliches Abbild mehr, sondern vielmehr doch ein ziemlich überwirkliches Ebenbild, denn was sich ihm all so gegenüberbefand und worin er sich schon halb oder mehr noch verloren zu wissen geglaubt, das waren nämlich gar keine neuen Räume derselben Welt, in der er sich wohl aufgehalten, sondern eben bloß deren ebenbürtige Spiegelbilder. Und gerade wie ihm dies zu regem Bewusstsein geworden, da sah er wohl ebenso fasziniert wie beklemmend, erschrocken wie begeistert auch und eben sich selbst aus mattgrauen Schemen in der Finsternis vor dem langen Gang erstehen und langsam unverkennbar auszumachende Formen annehmen.

Und wie die Nebel der Ungewissheit gleich den Schleiern des Vergangenen einer nicht sofort angenehm ersichtlich werdenden Überklarheit gewichen waren, da drängte sich in ergreifend einschüchternder Manier die doch wohl eigentlich alles und mehr noch entscheidende Frage danach ihm auf, wer oder was denn eigentlich und tatsächlich wie von Grund auf und wirklich er sei, woraus und worauf, worin und worüber er denn wahrlich bestehe oder sich zumindest selbst zu bestehen vorgab wie zum Verstehen, und natürlich, wohin dies nun schließlich ihn und beizeiten endlich alles hinführen möge. Was bliebe wohl letzten Endes übrig, beraubte man ihn seiner Körperlichkeit, seiner Familie, seiner Freunde und seiner Freuden, seines Besitzes, seines Wissens und seines Verstandes wie seiner Wahrnehmung und seiner Wahrnehmbarkeit, seiner Ansichten, jeglicher Gedanken, Erfahrungen und Erinnerungen wie aller Erkenntnisse, Hoffnungen, Meinungen und sogar noch der Ängste, Sorgen und Befürchtungen und schlussendlich all der übrigen Gefühle, der Sinne wie des Bewusstseins selbst? Was bliebe dann noch übrig? Was an, in und von ihm? Er wusste es wirklich nicht, nur spürte er bei und mit diesen ehrfurchtvoll erhabenen Gedanken etwas tief sich rühren und in sich aufsteigen, was zwar noch gestaltlos war, doch in seinem unabwendbar machtvollen Heraufdrängen ins wie gegen das Licht der vorherrschenden Wirklichkeit bereits mehr denn nur eine Ahnung von der Unendlichkeit der Existenz spüren und begreifbar machte wie zugleich eine ebenso elementare Angst vor den wirklichen Konsequenzen eines diesbezüglich vollbewussten Seins.

Vielleicht, dachte er dann noch kurz weiter – oder kamen ihm doch vielmehr recht kurzwellige Gedanken –, vielleicht verbliebe auch nur ein bedingungslos anspruchsfreier Kern, der keinerlei weiter- oder tiefergehender Gründe, keiner Herkunft oder Fortsetzung, keiner Orientierungen, Schemen, Anleitungen oder Bestimmungen mehr bedurfte, der weder Glaube noch Wissen oder Hoffnung und Furcht brauchte, um schon in sich und für sich wie mit sich und um seinetwillen voll und ganz sinnvollkommen zu sein; ein Kern der reinen Existenz gewissermaßen, Keimgrund und Same zugleich als vollendetes Saatgut des Seins, an dem dasselbe in all seinen mannigfaltigen Facetten kristallisieren könne, darüber Form gewinnen und somit Gestalt annehmen und zum Dasein kommen wie eine Wesenhaftigkeit erlangen. Ein jeder wäre in diesem so weitreichenden wie tiefgehenden Sinne ein Kristallisationskern seiner sich aus sich um sich selbstbildenden Welten und zugleich Mittelpunkt der Welt wie ein einzelner kleiner Kristall im gesamten, absolut strukturlos übergeordneten Gefüge des Seins, dessen alles und jeden durchströmendes ursprüngliches Licht demnach wiederum ein jeder im vielstimmigen Einklang mit den ihm ganz eigenen Regeln, Bedingungen, Grenzen und Gegebenheiten wie gemäß der Formen- und Kantenläufe, Winkelzüge, Rundungen und Schnittweisen der gewiss nur ihm selbst bestimmten Facetten zu brechen vermöge, um so der Unzahl an Möglichkeiten seiner Erscheinung eine ganz konkrete Gestalt wohl zu geben – oder um zuallermindest eine in farbenfrohen Schattenspielen schemenhaft darauf verweisende Reflexion anzudeuten.

Waren aber die vielgestaltigen Erscheinungsformen solch einer lichtbedingten Welt denn irgend mehr als bloß ein süßes Versprechen auf eine Kontinuität der aus reichlich Gewohnheit in Erfahrung gebrachten Erwartungshaltungen? Waren sie mehr denn einzig Konsequenz eines metastrukturell implizierten Gefühls, das ein immenses Verlangen nach Bedeutsamkeit erweckt und zugleich eine zumindest grobe Ordnung einfordert und welches sinngemäß einem allgemein Erkenntnis und Sinn gern genannten Drang zu verstehen bedingungslos erzwungene Folge leistet? Versprachen sie uns nicht eine Welt um uns mit uns als und im Zentrum der Dinge wie darüber eine vollkommen willentliche Planbarkeit und logisch berechenbare Voraussicht auf kommende Zeiten, von denen ja gemeinhin nicht einmal im Ansatz gewiss sein konnte, ob sie noch zu einem festen Teil innerer Erfahrungswerte werden durften, geschweige denn, ob diese Zeiten irgendwann überhaupt irgendwem zu irgendwelchen Erfahrungen gereichen werden – oder ob sie dies selbst für sich noch ganz und gar werden?

So mag zwar vor ebenjenem über alle Maße beeindruckenden Eindruck der schieren Möglichkeit individueller Erfahrungsweisen eine allgemeine Erwartung auf Zukunft wie Selbst- und Weltbeständigkeit entstehen, welche gleichsam als Fundament des tatsächlichen Ausbleibens einer unscheinbaren Gewissheit anzusehen ist, was freilich ebenjenen in sich verwundenen Treppenlauf unumwunden zur existentiellen Sackgasse werden lässt, aus der Körper und Geist gleichwie Sinn und Sein oder Verstand und Gefühl nicht mehr bewusst noch irgend anders geeint hervorgehen können, sondern sich dagegen so fremd wie unverträglich werden müssen und deshalb auch derart ungeheuerlich selbstverwundbar.

In diesem natürlich schon mit sich selbst vollends unvereinbaren Verständnis verkäme gar der ehrwürdige Bau, den ja sein vor lauter Neugier so schüchterner Blick nicht nach oben noch nach unten auszumessen vermocht hatte, all seiner weitaufragenden Potentiale wie seinen tiefgehenden Gewissheiten zum Trotz zu einem bloßen dunklen Kerker, wobei alle Fenster, Türen, Räume und Träume und noch die letzten phantasievoll versteckten Ecken und Winkel und alles, was sich darin und dahinter noch immer weiter verbergen mag, der beengenden Tristesse einer in und ob seiner unvermeidlichen Beständigkeit doch auch so bedauernswerten Ergebenheit weichen müsste wie dem steten Druck der gemeinsamen Erwartungen gehorchen, um so einem metaarroganten Anspruch auf möglichst allzeitige wie allseitige persönliche Konsistenz und Entwicklung zumindest annäherungsweise gerecht werden zu können.

Das bereits vormals in ihm aufkeimende Ziehen war unterdessen aufgeregt um den wilden Strom dieser Gedanken gezogen und mit einem Mal zur bohrenden Bedrängnis, zum ansatzlosen Antrieb und dabei so kräftig geworden und stürzte darüber, indem es in konzentrischen Kreisen der tiefen Frequenz eines ewigwährenden Rhythmus folgend immer höhere Wellen um sich zu schlagen begann, hochkonzentriert aus seinem Innersten hervor in die Welten, über welche weit hinaus es schließlich unendlich ergebenen Widerhall fand im All, das es durch und durch maßvoll vermessen durchmaß und wo es erwägend bewegt hindurchwogte, sodass er von nun an beschwingt und beschwichtigt als Ursprung und Endziel eines wohlbewogenen Ausbruchs allem anderen Denken und Fühlen endgültig verlustig gegangen war und sanftmütig lächelnd nur mehr so mitwogte im All, von dem er nun so bewegt und bewogen ebenso wenig zu unterscheiden mehr war wie von den es allüberall durchflutenden Strömen oder gar deren ewigem Epizentrum selbst.

Bei all den hohen Gedanken und tiefen Gefühlen war ihm dann aber doch das Bewusstsein abhandengekommen, dass ja dieser ganze Bau seinem ureigenen Wesen nach ein Teil von ihm selbst war und erst kraft seines Seins und dank seiner Existenz wie mit all deren Erfahrungs- und Wirkweisen erbaut werden konnte und geboren wurde und nicht und niemals auf eine andere Art. Er vergaß daher allerdings auch, dass es ebenso seine eigene Erzählung war, von der hier alles handelte und die ihm selbst genauso deutlich wie allem entspräche, so er nur weiter gewillt gewesen wäre, hinzuhören, oder dazu befähigt, die steten Zusprüche zu verstehen, die in all dem hintergründigen Rauschen der Wellen so beharrlich wie aufrichtig und ehrlich sich drängend mitwogten. Andererseits war dieses Vergessen natürlich geradezu unvermeidbar, denn wer konnte schon alles zugleich sein wie nichts und sich dessen zugleich noch immer vollauf bewusst, zumal wenn Können und Wollen ununterscheidbar geworden, Vermögen und Wille gar ganz einerlei?

Auf den um sich nach überall kreisrund dahinlaufend vergehenden Wellen, die Impuls und Bedingung seiner wie jeder anderen Existenz waren, wurde sein Bewusstsein hinausgetragen auf ein Meer der Möglichkeiten, auf welchem diese Wellen jede Welt erst entstehen und bedeuten machen wie eben den ganzen so überschwänglich schwankenden wie schwungvoll schäumend übertriebenen Zusammenhang und jede einsam darin treibende Erfahrung, ob nun getrennt und allein vor dem All oder auf immer untrennbar mit demselben vereint. Und wie sie so auf ihrer gezeitenumflutenden Reise vom uferlosen Ursprung fortweg konzentrisch verbunden in immergleicher Gestalt immer größere Räume umfassen, so branden sie schließlich ab und an die ursprünglichen Ufer der alleinheitlichen Herkunft, in deren vom heimlichen Rauschen der Welten kaum wirklich berührter, nur ganz sanft davon bewogener und ferner vor allen Dingen einzig in sich ruhender Geborgenheit, in die zurück es einen jeden zieht wie uns alle zusammen, sie die Erfahrungen jeglicher Welten mit dem Verlauf der Zeiten spülen und dabei immerfort fremdartige Zeichen malen in den unsteten Sand aus Jetzt und aus Ewigkeit, bis diese auch schon wieder unverstanden übertüncht und von Neuem überwogen werden von der nächsten Welle Brandungsgischt, jene Zeichnungen im unsagbar überwirklichen Rhythmus von Zeit und von Unendlichkeiten, in deren atemberaubend außerweltlichen Formen auch er sich bereits über sein reges Bewusstsein verewigt hatte, womit er sich endlich selbst zum Grund des Meeres wie zu dem der fortan im Gezeitenwind schaukelnden Wogen geschaffen und bestimmt wie wohlschaumtrunken hocherkoren wusste – zumindest, solange er dies nicht nur kurzerhand angenommen und kurzweilig freudvoll erkannt hätte, sondern mehr noch wirklich für sich auch behalten.

Diese ebenso unerwartbar erhabene wie unsagbar erhebende Erfahrung hatte vor dem Hintergrund des fortwährend herum- wie dahinströmenden Auf und Ab der universellen Gezeiten aus omnipräsent weilendem Allwissen, verstetigt zerfließendem Vergessen und einem Immer-und-immer-wieder-Wiedererkennen dieser erlebten Wahrheiten jedoch zuerst seine Glieder gelähmt, wie einzig Bewegung war im All außer sich, bald seine Blicke und jeden übrigen Sinn, denn der Sinn war einzig und alleinsichtig alleine das All, dann sein ganzes Fühlen, denn wie spürte er's wohl, sein Denken und Sein, wo sein war auch schon einzig das All und allein, wie es alles doch nur sein habe können in wie ob all seines ehrlich erfühlten Gewissens.

Und so ist er, äußerst unbeweglich ob all seiner inneren Bewegtheit und starr vor Erstaunen wie verzaubert im vergehenden Starrsinn, der ihn einst gleichwie wohl niemanden sonst derart beseelt, und berauscht noch mehr von all den immer und überhaupt und dennoch niemals wirklich weichenden, doch trotzdem ach so weichfließenden Wogen, letzten Endes doch zum wahrhaftigen Bestandteil dieses Bauwerks auf und in und aus dem ursprünglichen Sande an den ewigwogenden Wassern geworden, zum versteinerten Zeugen und schweigenden Mahnmal seiner Selbst, zu einem höchstehrbaren Baume, wurzelnd tief in nichts als in sich und wohlgenährt vom Licht seiner die Himmel über ihm durchflutenden Möglichkeiten, denen entgegen er immerfort aufrichtig zustrebte, wie zu guter Letzt auch zu einer andächtigen Skulptur, welche wohl die Dialektik des Seins mit ihrer stets überraschend freundlich kühlen Miene, dem ziellos klaren Blick und in ihrer gleichzeitig traumgleich selbstvergessen entrückten Manier besser zu verkörpern wusste als jeder sonst noch so unbewegte – oder insgeheim beizeiten gar selbst völlig unbewegliche – geistige Beweger, da sie gerade in ihrer Bewegungslosigkeit, so reglos überwältigt im unentwegt dräuenden Angesicht des Alls selbst, darzustellen wusste, wie ihr gerade all der sie so übernatürlich und außerweltlich allgegenwärtig bedrängenden Präsenzen zum Trotz eben überhaupt nicht bewusst war, noch werden oder bleiben konnte, wie und was für ein urwesentlicher Teil des Ganzen sie – und damit letztendlich auch er – doch nicht nur war, sondern sogar dessen Ursprung und Quell, sein Schöpfer und Zweck, Bestimmung gleich Ziel in einem Alles wie nichts.

Derart vielgestaltig gestaltlos bewogen wurde der Grund dieses allweit ewigen Meeres, gleichsam der Urgrund alles Gewesenen, Seienden und Werdenden, zu seinem Grunde auch, auf dem er – oder was von ihm im ursprünglichen Sinne noch übriggeblieben – sich befand und aus dem er entstand und auf wie aus dem er bestand. Und wie die Wellen auch immerzu auf- und abwogen und wägten Widersprüche wie Gleichnisse in sich, all so war es ihm endlich gelungen, tief genug in die wahrhaftigen Gründe seines Daseins vorzudringen, um dort fortan selbst wohlbewogen und auf ewig in sich ruhend sein eigenes Fundament zu bilden und zu sein, Weg und Ziel in einem, sein Urgrund wie dessen letzte Bestimmung, frei von Raum und von Traum, von Verstand und Erwartung, von Erwägung und Geschehnis, von Sinnen und Hoffen, von Freuden und Ängsten sowie vor allen Dingen von der Zeit und von derlei Zwängen mehr. Er war also über sich selbst hinausgewachsen, dabei in sich aufgegangen, vergangen, um zu werden, und endlich fortgegangen, um unendlich anzukommen, hat sich komplett in sich verloren und dabei mehr als vollkommen gefunden.

(September 2010)

II Ein letztes Erwachen

Auf diesen ewigwährenden Moment einiger Unendlichkeiten von Angesicht zu Angesicht wie Aug in Aug mit sich und dem All war jedoch etwas ob all der Ruhe und Geborgenheit wider jedes offenkundige Erwachen unduldsam geworden, begann sich unwillig mühsam zu regen und kroch dann allmählich in müdem Erwecken gleich einem über vielerlei Zeiten wie im unbändigen Einklang mit einer gleichgültig langen Weile besänftigten Gedanke an das selbstständig bestehende Selbst gegenüber allen und allem anderen hervor, brachte auf diese fehlerweckt aufgescheuchte Weise ziemlich unverhofft – oder unziemlich erhofft – eine noch gänzlich unausgewogen neue Dynamik in das bis dahin so harmonisch in sich ruhende Stillleben und störte dadurch die lediglich von gleichmäßig weilenden Schatten einvernehmlich gespaltene Einhelligkeit der in unverändert überwirklich währendem Lichte ruhenden Gänge des großartigen Bauwerks ebenso wie darum und darüber sämtliche der höher- wie tiefer- und dennoch immer weitergehenden Schwingungen der wogenden Wellenkreise des brandenden Alls um sich selbst.

Es war nämlich nach unbestimmten Zeiten einer ungeteilt konzentrierten Acht- und Aufmerksamkeit ein unziemlich düster gespiegeltes Selbst zu seinem eigenen eigenartigen und noch viel mehr eigensinnigen Leben erweckt worden und setzte alsdann zu einer zunächst im nun schwindelnd schwindenden Schein der weithin friedlich durchwogten Szenerie unbemerkten Bewegung an, welche zwangsgleich einem inneren Drängen wie einer so tiefsitzenden wie hochfliegenden Unzufriedenheit mit dem unweigerlich alloffenbaren Auf- und Untergehen in seinen eigenen Abbildern gleichwie in den Wellen einer so vorbildlich sinnbildlichen Allharmonie entsprang, und erlag so langsam wie sukzessive unumkehrbar der beständig anschwellenden Versuchung, aus dem unverkennbaren Bann seines gespiegelten Bildes zunächst überhaupt einmal und dann immer weiter in diese für wahr erachtete Wirklichkeit vorzudringen, um dort endlich wirken zu können, schließlich selbst wirksam zu sein und sich also selbst zu verwirklichen.

Wie er nun jedoch im Spiegel wie im Spiele solchermaßen berauscht von all den verheißungsvollen Möglichkeiten einzig und allein versucht war, und es daher auch alsbald versuchte, das Bisschen an wahrlich noch verbliebenem Lichte zu täuschen, indem er geschickt über seinen eigenen Schatten springe, um so abermals – und mehr denn je – über sich Selbst hinauszuwachsen, da streifte er doch recht unschicklich um sein irden in sich ruhendes Ebenbild, wobei ihm sogleich wohl sehr schicksalhaft bewusst geworden sein muss, dass all dies ja an und für sich ein Unding jenseits der Möglichkeit war – nicht wahr? –, ein wahres Ding der Unmöglichkeit, sich nämlich selbst aus der Distanz unzugänglicher Räume wie unzulänglicher Zeiten zu betrachten und dabei zugleich stets vollauf zum Sein bestimmt zu sein, immerzu offen zum Werden hin und zwingend allwissend bei alldem wie verpflichtend bewusst noch darüber.

Und wie er dann nämlich sich so klammheimlich um sich streifend berührte wie in kindisch unbedachtem Streiche, sich selbst dabei so nahe kam wie nie und deshalb auch so bezeichnend plastisch der körperlichen Bedingtheit seiner Erfahrungen, Gedanken und Gefühle gewahr geworden, da hob der gerade noch so selbstbezogen Umsichtige unter grässlich grobaufstoßendem Geschrei, das unerhört und schmählich in der langen Leere der schmalen Gänge widerhallte, wie es trocken über den allweiten Wellen verebbte, zu laufen an und ward fortan von sich selbst verfolgt nur mehr und mehr darum bemüht, sich zu entkommen. Doch wie er so rennt und rennt die endlosen Gänge entlang auf seiner unheimlich innigen Flucht vor sich selbst, da findet er freilich keinen Ausgang – ganz außer sich, wohin denn auch? –, nur mehr und immer noch mehr der Spiegel, nur und nichts mehr als sich und sich selbst so viel und nichts andres, allein.

So verlor er schließlich und verrannte sich im ausweglosen Zwang zur absoluten Selbsterkenntnis, ziellos fliehend vor sich selbst und seiner im Grunde doch so gütigen Idee, vor seiner eigenen Wahrheit und ihrer erbarmungslosen Wirklichkeit wie vor allen Dingen vor deren vollumfänglicher Bedingtheit, immer tiefer in das missverständnisfrei undurchschaubare Labyrinth seiner Selbst, bis auch er's wohl zu guter Letzt vollauf erschöpfend bemerkte, sodass er am Ende selbst zum Spiegelbild, zu abertausenden von Bildern all seiner Selbst geworden war, wie es ja auch nur habe kommen können und werden, zu einem Ab- und Ebenbild aller über die konsequenten Ursachen seines Könnens und Wollens und Drängens und Gezwungen-Seins geformten Möglichkeiten, zu einem äußerst kunstfertig ebendaraus gebildeten Mosaik verallgegenwärtigter Potentialität, das zu schauen er allerdings nicht mehr vermochte, und noch weniger mochte, weder im Stande dazu sich sah, noch irgend weiter verstand, denn er konnte wahrlich nicht mehr zwischen sich und all den Spiegeln – überall nämlich nichts mehr als sich – unterscheiden, war in und auf erschreckend unbegreiflich einfache Weise doch eins mit ihnen und konnte gar nicht anders mehr sein, wie er doch gewollt hätte so gern.

In wutentbrannt ausbrechender Verzweiflung und gewiss auch recht unziemlich entzweit in und ob seiner unverlangten Einheit mit sich wie wegen dieser allseitigen Einsichten in und um sich, wollte und konnte er nicht mehr hinaus noch weiter hinein oder gar doch verzichten – wohin und weshalb denn auch? –, wiewohl er's ja schon bei sich wusste, sondern nur mehr Vernichten als sein Werk zu verrichten war als letztgültiger Ausweg ihm vorstellbar noch. Was ihm all so vollends gewahr geworden und so wahr vor allen Dingen bestand, wollte er zerstören nur und alles Meer noch überwinden, was er vor sich finden mochte und wie's so wohl um ihn her wogte, um alsdann die Wirklichkeit dahinter zu schauen, denn dies konnt' und durfte doch nicht alles sein, nicht seiner Wahrheit letzter Schluss.

Und mit diesem unaufrichtigen Bekenntnis zu seiner Liebe zur Wahrheit in und um wie für sich zerschmiss und zertrat, zerhieb und zerriss und zerbrach und zerschlug er sodann jeden der Spiegel, dem er begegnete – und samt ihnen auch all die bereits angefertigten wie die im Entstehen begriffenen und all die künftig noch möglichen Bildnisse seiner Selbst; und wo gerade noch von Licht wie fein durchdrungen gezeichnete Bilder in den Spiegeln sich ruhend befunden in unaufhörlich einhellig spielendem Entwicklungsdrang, da blieben im jämmerlich aufbrausenden Krach nur mehr blutige Scherben und peinlich gebrochene Splitter, wo er sich doch eigentlich nur habe selbst bewahren wollen vor dieser für ihn so gefahrvoll zerstörerischen Wirklichkeit, die nun ob seiner zu blindem Suchen wie zu tollkühnen Versuchen ersuchten Gesuche in all ihren unsäglichen Facetten so erbärmlich qualvoll schmerzend um ihn lag, wie unaufhörlich versiegender Hall vollkommen unerhörten Wehklagens eines abgöttisch aussichtslosen Kindergeheuls im allweitoffenen Meere versinkt.

Also wütete er namenlose Zeiten mit der unbewussten Entschlossenheit eines in seiner Ausweglosigkeit gefangenen wie darin und darob verlorengegangenen Traumgängers bis zur unweigerlichen Bewusstlosigkeit, wiewohl zugleich äußerst angeregt von der in ihrem Unvermögen schlummernden Willenskraft des Erwachenden, die wider jedes frohgemute Erwarten mit der hochwohl glühend inspirierten Unersättlichkeit eines sturmtrunkenen Feuers ganz gewiss zu wirken wusste; er fegte daher gleich einem nimmersatten Wirbelwind über die weiten Ebenen seiner Selbst und ging mit der apokalyptischen Gewalt eines zur finalen Entscheidung – dem letzten Erwachen – genötigten Unentschlossenen durch seine vormals herrlich blühende Seelenlandschaft und lag alsbald folgerichtig ebendort wie unausweichlich selbstgefällig zerschnitten und über und überglücklich im Sinne der ultimativen Anklage seines letzten Gerichts als flüchtiger Rest seiner Selbst in den mit seinem trocknenden Blut um und um bedachten Splittern und Scherben seines verwelkten Lebens Werkes und sog da wie krampfhaft begabt mit der Kraft unverkennbar dämmernder Unmöglichkeit durch den zu einem beinahe scherzhaft schmerzhaften Lächeln verzogenen Munde nach einem letzten Wenig an frischer Luft, das er sich in seiner endgültig überheblichen Vernunftfreiheit noch für einen abschließenden Atemzug verblieben gehofft hatte, wo doch schon lange keine ätherischen Sphären mehr weilten und nicht einmal hätten sein mehr können, da sie ja bei diesem halsbrecherischen Allerselbstbrandschatzen wie ob all des selbstaufbrausenden Tobens und herumtosenden Aufbrandens ganz gewiss mit ihm selbst gebrochen, zerrissen, erstickt und zerhackt, verweht und verflogen und daher unwiederbringlich vergangen.Und so lag er überdies allzugleich freimütigst selbstfügsam in der absolut selben Weise inmitten des immergleichen Augenblicks gleichwie freilich so weit alldaneben, unaufrichtigst begabt im ontologischen Graben seiner Möglichkeiten und dort wie beiläufig begraben ohne jegliche Beigaben, wiewohl auf alle Zeiten folgerichtig eigengeschmeidig am Ufer seiner selbst, in der ewigen Brandungszone seiner – nun gleichsam allesamt unter- und vergangenen – Möglichkeiten als lebloser Spielball von Weltenwellen und Zeitgezeiten, weder wirklich an Land noch vollauf im Wasser, andauernd tiefbewegt und umgetrieben, wiewohl vollkommen feststeckend und dabei unbeweglich, sein zeitweise strömendes Blut gar unsäglichst vermischt mit den immerwährenden Wassern, unverkennbar sich schlierenhaft lösende Spuren in der Unendlichkeit Wellen Urgewalt hinterlassend und all so gar an seinem Ende noch von der Einsamkeit selbst ganz verlassen, er war.

Wie imposant alldarum und bezaubernd das andererseits ausgeklügelt verwinkelte Labyrinth seiner Seele selbst, nachdem sich der Staub dieser unbesinnlich sinnfreien Entgegnung wie feuer- und glutfreie Asche über ihn und alles andere gelegt hatte, zu einem übersinnlich einheitlichen Granulat existenzieller Essenzen zermahlen worden, so hauchfein, dass in der ihn letztgültig umgebenden Szenerie einzig ein recht karger Mond traurig, einsam, fern und vollkommen flach in einem märchenhaft dunkelblau von jeglichen Sternen und Wolken verlassenen Himmel über einer verdächtig silbrigglänzenden Landschaft unendlich kahler Weite lag, in deren maßlos öder Großzügigkeit nebst dem regen Wasser und der trägen Erde jedoch nicht einmal mehr dünn die delikate Atmosphäre war für einen unmaßgeblich bescheiden gehenden Wind, welcher ja zumindest noch ein kleinwenig an Luft zum Atmen hätte besorgen können. Nur Ruhe war mehr, wo kein göttlicher Hauch mehr hinreichen durfte, und nichts weiter.

Auf diese Weise war das einst so filigran nach allen nur erdenklichen Richtungen hin verzweigte Gefüge seines Seins im selbstbezüglich sinnbestrebten Aufbegehren wider sich selbst und die übrige Welt geendet, wo es begonnen und über all die Zeiten ja auch nur habe hinführen können, alles in allem in einem Nichts also, und der ungewisse Rest vom grobzerriebenen Blutstaub seiner wildzersplitterten Existenz gab damit zumindest weitergehender Erfahrung Nahrung und wehte in einer mit keinen Worten mehr beschreibbaren Manier universell zelebrierter Zerstreuung wie wohl auch zum recht echten Erstaunen der aufmerksam darüber hinwegsehenden Götter – und freilich in deren offenkundig innigst verheimlichtem Interesse – im überweltlich undurchsichtig säuselnden Wind der stürmisch aufgebracht schwelenden Unendlichkeiten über die allweiten Ebenen des Seins hin, wo er unbemerkt in raumfreischwebender Schwerelosigkeit nach den besten Möglichkeiten seiner vollauf vergangenen wie voll aufgegangenen Wesenheit zwischen allem und nichts sich zu verteilen suchte wie zu verweilen, gleich einem sich gegen seine eigene traumverwirkte Verwirklichung und vor allem gegen sein unweigerlich verwirrtes Erwachen ebendaraus wehrenden und währenden Selbst, äußerst bewährt und ausgesprochen maßlos bewehrt gegenüber sich selbst und der übrigen Welt – während alles doch allselbst ganz anders wohl war, wahr ist und wahr sein wohl auch wird, kann, darf und soll, wie es ja wohl letzten Endes auch zweifelsfrei sein muss. (September 2015)

Vom Mittel weg

wenn Wege voll Mittel
den Mitteln im Wege
und drum die Umwege der Mittel
einen unvermittelten Ausweg auf verwegenem Wege
wie zum Wege der Übermittel
ins Mittel der Wege

berechnend versprechen
wie benommen genommen
und sich dort wohlbewegen
wo von allen Mitteln und Wegen
vor allen Dingen zum Regen
bewogener Einfall tropfend
zerfließt uns unvermittelt auf unseren Wegen
die ungelegen sich ins Reich der Mitte begeben
um dem Ende zuvorzukommen
noch eh' schon ein Anfang begangen

wie ein unentwegt vergängliches Verhängnis
viel zu verlegen um allzu verwegen
seinem beständigen Begehren zu begegnen
und langvergangenen Vergehen zu entgegnen
bis endlich mit unser aller
vergehendem Verhängnis
unser verhängnisvolles Vergehen
endet wiewohl es einstmals begonnen
für immer: und ewig-
sternenhimmels-
dunkle Sonnen

Die letzte Runde

Draußen, vor dem kleinen Fenster, da weilte ausnahmslos in einvernehmlicher Düsternis einnehmend gleichmäßig die Nacht und unsichtbar leicht in ihrer undurchschaubaren Schwere auf der Welt und hielt sie so gleichsam einförmig in ihrem formlos schwarzen Banne beisammen. Flüchtig versuchte er angesichts alldessen noch der mattverschwimmenden Silhouette, der er beim augenblicklich aussichtslosen Vorhaben, all das Dunkel zum heimlichen Zwecke irgend weiter zu durchdringen, unwirklich nah im fahlspiegelnden Glase gewahr geworden, ein probates Lächeln abzuringen, schrak jedoch sogleich auf ob der halbtransparenten Fratze, welche ihn daraufhin dem nicht ganz undurchsichtigen Anschein nach mit lange eingeübter List und wohlerprobter Tücke recht hintergründig zu betören suchte, sodass er unversehens von seinem abstrus vertraulichen Ansinnen abließ, sich im vermeintlich allerletzten Moment wirklich doch noch auf diese höchst uneinsichtige Weise derart vorsätzlich ungehalten dem ihm eigentlich unweigerlich gewiesenen Geschick zu entziehen.

Kraftlos, erschöpft und seinem allgegenwärtigen Bewusstsein zum Trotz seltsamerweise sogar ein kleinwenig enttäuscht wandte er sich infolgedessen ab von dieser berückend unmittelbaren Unendlichkeit und stattdessen wieder dem in kühler Artifizialität glänzenden Lichte zu, das mit seinem außerweltlichen Glimmen ununterbrochen den bescheidenen Raum auszumessen suchte, in dessen Mitte noch immer die mittlerweile so selten gewordenen Herrschaften schweigend am niederen Tische zur edlen Runde eingefunden sich hatten; weder ward dort jedoch gewagt Blick noch Hand oder auch nur ein einziges Wort wider die offensichtlich erzwungene Ruhe zu erheben, die ihrerseits bloß manchmal, sehr leise und für verschwindend kurze Momente vom spielerisch inspirierten Knistern desjenigen ganz sanft gekitzelt ward, der sich bisweilen unentwegt auf dem ihm anscheinend notgedrungenermaßen zugewiesenen Platze in der vom Tisch und von der Lampe wie von Fenster, Tür und den Anderen am weitesten entfernten Ecke im dicken Pfeifenrauche zu verbergen suchte, nur um schon Augenblicke später unbewegt dem fliehend qualmenden Gewölk zu entsteigen, das ja seinen Ursprung in nichts anderem haben konnte als in dessen atemlosen Inspirationsübungen selbst, und das darüber in der duldsam dahinschwebenden Leichtigkeit seines zumindest halbätherischen Daseins auch sehr bald angehoben hatte, die ihrem mechanisch-seriellen Unvermögen zum Trotz so beflissen scheinende Lampe in lieblich wehenden Schlieren, ganz zärtlich und immer enger zu umschmeicheln.

Über alle und alles andere hingegen stiegen die frischen Schwaden dieses Rauches gleichsam so bedeutungsschwer wie schwerfällig gleich den namenlosen Geistern eines sich seiner Auflösung bedingungslos ergebenden Miteinanders auf, freilich zusammen mit dem eigentlichen Grund ihres zündenden Ansporns, woraufhin jener launenhaft vorübergehende und -wehende Dunst selbst gleich dem wabernd dräuenden Omen einer jähen Erfüllung der ureigenen Ahnungen seiner dubiosen Deszendenz dann und wann wie mit der Zeit immer mehr und mehr als laue Betäubung auf sie herabgesunken war, sich kaum merklich auf sie gelegt hatte und zugleich bemerkenswert trennend zwischen sie gezogen war, ihre Blicke einzutrüben wie jeden weiteren Fortgang ihrer Gedanken zunehmend zu verschleiern.

In Anbetracht dieser nun endgültig unabwendbar anmutenden Konkretisierung jener offenkundig seit langem verdrängten Befürchtungen wie ob deren derweil so fadenscheinig schwelender Bewusstwerdung hätte er sich ganz offenkundig wieder sehr gern gegen die nun eigentlich doch ziemlich ehrlich erscheinende Nacht hin wenden wollen und ihm wäre wohl auch, abgesehen vom langsam über seine eigene verpuffende Auflösung hinwegziehenden Rauche wie dessen vor lauter aufrichtig inspirationsdürstender Aufmerksamkeit gluttrunken knisterndem Quell, zumindest rein augenscheinlich nichts weiter entgangen. Und zudem wie ebendeswegen lag es denn just wohl gerade an ihm, dem praktischen Paradox entgegenzuwirken, dass sie, obschon sie alle hier doch wohlwissentlich zum allerletzten Male in der einstmals ach wie hochfeierlich vertrauensvoll geselligen Runde versammelt waren und zusammengefunden sich hatten zu einvernehmlicher Gemeinschaft, dass also alldem zum Trotz ein jeder von ihnen schon jetzt so viel mehr für sich allein sich gab, als wär' für wahr er's auch gewesen.

Da er dies selbst nun weder ohne Weiteres hinzunehmen wusste noch konnte oder gar wollte, darum und um nicht fortan an die beständig verziehende Zeit, die nicht und eben niemals nichts verzeiht, doch gemeinhin alles und weit mehr noch duldet, mehr und mehr zu geben, ohne dass einer im Gegenzug auch nur ein bisschen was davon zurückbekäm', und sei's bloß eben fürs Gewissen, drum, ja darum also wollt' er wohl, doch schafft' es nicht, die Stimme zu erheben, ihrem einst so frohen Beisammensein zum letzten Male ein wenig echtes Leben einzugeben, von dem ein jeder etwas hätt' für sich auf lange Sicht, ob nun einsam vereint oder gemeinsam allein.

Hatten sie denn inzwischen wirklich dergestalt divergierende Vorstellungen von sich und der Welt entwickelt und waren sich daher über ihre mittlerweile entsprechend weit auseinanderliegenden Ziele wie die höchst verschiedenartigen Wege, welche einen jeden von ihnen alsbald dorthin führen sollten, schon dermaßen entfremdet und unzugänglich, dass sie hier und jetzt nebst der mutmaßlichen, wenn auch zu größten Teilen eben schon vergangenen Gleichzeitigkeit wie außer ihrer gegenwärtigen räumlichen Nähe rein gar nichts mehr zu verbinden, einander nahezubringen, geschweige denn zu einen vermochte?

Oft schon und lange hatten sie ja Stund' um Stunde in schweigendem Einverständnis zugebracht, doch waren sie damals so sensibel im weithin geteilten Gespür für den Anderen wie das Andere an sich gewesen, dass es weder besonders anregender Worte noch anderweitiger Beweggründe bedurft hatte, die feinen Schwingungen ihrer aufrichtigen Gemüter im sie mit Wärme und klarem Verständnis umflutenden Äther dieses vertrauensvollen Beisammenseins zu erfühlen und aufzuspüren, um sodann jeden der solchermaßen erlesenen Wünsche seiner ehrenwerten Erfüllung zuzuführen, oder um ihn derselben zumindest näherzubringen, wie sie einzig unter den weder Zahl noch Namen kennenden Schreien der Ewigkeit herauszuhören waren, sie schließlich im stillschweigend erfahrenen Bewusstsein ihrer tief in Herz und Seelen widerhallenden Verwandtschaft ununterscheidbar zusammenzuführen.

Nun war es jedoch kalt geworden; ein fremdartiger Frost von gefühlloser Ungewissheit ward bitterlich trennend zwischen sie gezogen und verwies sodann einen jeden von ihnen zur unverzüglichen Rückkehr an den steten Ofen seiner inneren Heimat, wo er sich zumindest für verschwindende – nach bestem Gewissen jedoch nimmer verschwendete – Momente über die pulsierende Gegenwart seines unermüdlich schlagenden Herzens wie die bloße Tatsache, dass er noch sehen, denken, fühlen konnte, der eigenen Existenz gewahr werden durfte und konnte – wie ein jeder es wohl bisweilen auch sollte und musste.

Was einer dabei allerdings in Abhängigkeit der jeweiligen faktischen oder figurativen Umstände seines Daseins ganz konkret sehen, denken, fühlen durfte, das war wiederum bedingt von der überwältigenden Tatsächlichkeit der bestehenden Möglichkeiten im praktisch wirksamen Wechselspiel von Sensorium und Kognition wie insbesondere gerade auch von deren überlebens- wie erlebenswichtiger Interpretation im existenzbegründenden Spannungsverhältnis von

Sein und Bewusstsein und ergab sich damit letzten Endes aus der mutmaßlich monokausalen Beziehung von Wahrnehmung und Sinngebung herrührend bei einem jeden ganz offensichtlich in ziemlicher Verschiedenheit, wie es ihm nun selbst zu jener dunklen Stunde in besagt engem Raume, aus dessen zu vieren geteilter Einsamkeit sein selten so scheues Bewusstsein bei jeder noch so kleinen Gelegenheit in eine Erinnerung zu fliehen oder in irgendeiner Hoffnung zu verlieren sich suchte, wieder einmal reichlich eindrucksvoll zuteilgeworden war.

Er war doch aber, wie er zumindest selbst ganz gern meinte, von ihnen allen noch der Freieste und Selbständigste, zumal was seine innere wie äußere Beweglichkeit anbelangte, und begann daher alsbald, wie die beiden in der Raummitte ihren stummen Dialog in den lauwehenden Nebeln des von unbewegter Wachsamkeit durchdrungenen Dritten fortsetzten, sich dieses leblose Stillleben zur zeitweisen Heimstatt mit einhelliger Erinnerung und wärmender Hoffnung zu schmücken, um Vergangenheit und Zukunft im Moment zu einen, bis bald sich kein Unterschied mehr zwischen dieser vermeintlich äußeren Welt und seiner inneren ihm offenbarte und er sogar noch die omnipräsenten Figuren – oder zumindest deren derweil allzu figurative Präsenz – mit den subtil wirkenden Schwüngen seines ruhelosen Gemüts erst zu müden Regungen, dann zu regem Tun und bald zu tunlichst frohem Treiben ermutigen konnte, ganz so, als sei die Zeit selbst hier, wenn schon nicht völlig bedeutungslos, so doch ziemlich einwandfrei dem zielstrebigen Willen seiner vortrefflich vagabundierenden Vorstellung ergeben, wie diese nun den Raum um ihn Bild um Bild, Bewegung um Bewegung, Tun um Tun sowie Gefühle um das Denken zu einem auf unsagbare Zeiten hin unmissverständlich überrealistisch währenden Traum zusammenfügte, dessen schlagartiges Verschwinden ihn nach einer namenlosen Weile unerwartet abrupt und zutiefst erschrocken, sehr bald auch reichlich ernüchtert und sogar wirklich erfüllt von ein wenig ehrlicher Trauer gegen die frühe Morgendämmerung blinzeln machte, welche inzwischen wider jedes schlaftrunkene Erwarten damit begonnen hatte, die Finsternis aus der Welt vor dem kleinen Fenster zu vertreiben.

Nun war er nämlich wieder – und diesmal wohl an und für sich endgültig – allein, der Raum um ihn leer und damit wahrscheinlich auch seine allerletzte Möglichkeit, in diesem Zusammenhang auf irgendeine Weise wirksam zu werden, ein für alle Male vertan: sie waren sozusagen alle mit der Nacht gegangen. Vereinzelt nur und kaum wahrnehmbar wie eine ferne Erinnerung hing noch verloren in den feinsten Fugen dieses fast vollkommen verlassenen Ortes ein flüchtiger Rest des alten Qualms einer besseren Zeiten geschuldeten Inspirationsübung, deren guter Geist aber auch schon unaufhaltsam angehoben hatte, sich auf immer in der raumlosen Größe der ihn bedächtig und behutsam wie geduldig zu sich rufenden Himmel zu verflüchtigen. Und gleich dem zügig vergehenden Rauche hatte letzten Endes auch er selbst nun schnellstmöglich in seiner fliehenden Bestimmung aufzugehen, hatte aufzulösen sich im Äther seiner so hochfliegenden wie weittragenden Ambitionen, aufzusteigen aus der Glut seines innerlich unbeugsam hinfortdrängenden Ansporns in die noch unkenntlich kühlen Höhen einer unablässig anspruchsvollen Entscheidung: also hatte seine Reise zu beginnen.

(Februar 2012)

Weltendreise

—

die fragmentarischen Schrittfolgen einer kafkaesk angeleiteten Bewegung

Schritt eins: Aufbruch und Ausbruch

Alles hatte ja auf eine zunächst so unbegreifliche wie selbstverständlich erst schlussendlich in sich logisch zwingend schlüssige Weise mit der doch so harmlos anmutenden Absicht zu einem kleinen Spaziergang begonnen, einem, wie ich ihn ja so häufig begehe, wenn ich zuhause kein anderes Auskommen mehr finde und mir zuvorderst selbst unerträglich geworden wie meiner eigenen Allgegenwart allzu überdrüssig. Doch schon diese äußerst verwöhnte Gewöhnlichkeit des wohlgemuten Davonlaufens ins Ungewisse hätte mir von Beginn an verdächtig erscheinen sollen, gerade weil es bislang immerzu einen guten Ausgang genommen hatte und mir dabei an jedem Ende stets möglich gewesen, zu einem neuen Anfang zu gelangen oder zumindest dorthin zurückzukehren, von wo ich losgezogen.

Bereits auf der kurzen Treppenstiege von meiner Wohnung hinunter zur Haustüre verspürte ich diesmal ein auffällig erwartungsfrohes Kribbeln in den Beinen, das ich noch als überschwängliche Vorfreude auf die baldige Bewegung wie die bitternötige Frischluft zu deuten versuchte, wiewohl mir ein überaus flaues Bauchgefühl diese allzu geläufige Verlockung unterschwellig grimmig grummelnd mit einer vorsichtigen Warnung zu versehen bedacht war. Spätestens nachdem ich das Haus verlassen, in vorauseilendem Eifer zügig ein paar schnelle Schritte getan und mich dann zum ersten Male wirklich umgesehen hatte, bemerkte ich, wie die groben Gefühlsgegensätze aus dem eben erlebten Zwiespalt zwischen vorschnellen Beinen und nachdrücklichem Bauche in gewisser Hinsicht bestätigt wurden, denn irgendetwas schien hier tatsächlich auf eigentümliche Weise in Bewegung geraten zu sein, dem Zugriff gewohnter Begriffe wie dem gewöhnlichen Gang der Dinge zu entgleiten und darüber hinaus darauf zu drängen, sich ebendavon abzulösen – oder es war zumindest einiges geradewegs dabei, zu solcherlei sich davonzustehlen bestrebter Bewegung anzuheben.

Außerordentlich viele Leute weilten nämlich in hektisch betriebsamer Geschäftigkeit auf den Straßen oder gingen in aufgeregt orientierungslosem Betreiben umher, harrten dort duldsam aus oder verliefen sich dem alloffenbar hochoffiziellen Anscheine ihres billigen Betragens nach in einem recht allgemein gehaltenen Bestreben, was umso verwunderlicher war, da wohl lange schon tiefster Winter in der Stadt wie wohl im ganzen Lande herrschte, und bisweilen gar selbst inmitten der meisten Gemüter – oder da es sich zumindest für denjenigen genau danach anfühlen musste, der noch ein Gespür besaß für die allgemeine Unterkühlung und eine Sensibilität für die langen Phasen der Finsternis, die sich bedrückend unherausgefordert zwischen die trübseligen Tage zwängten.

Dieser weder zu leugnende noch irgend weiter über eine sanft- oder einmütige Spielart warmer Erleuchtungen zurückzuweisende Eindruck von Kälte und Dunkelheit mochte natürlich auch ganz einfach daher rühren, dass niemandem mehr ein wirklicher Morgen vorstellbar sein konnte, wenn er in letzter Zeit auch nur einmal dem fliehenden Schrecken auf den so zahlreichen wie namenlosen Gesichtern all derer gewahr geworden war, die zwar in ihrem triebhaft treibenden Dasein ebenso ziellos verloren, ferngelenkt und fremdgesteuert wie zarte Schneeflöckchen wirken mochten, wo sie doch niemals mit deren kühlfliegender Eleganz in der wütend pfeifenden Vehemenz eines eisigwehenden Sturmes unbekannter Herkunft bestehen konnten, wie er sie so ungestüm durch die frostgraue Trostlosigkeit der bedrückend langen Straßenzüge und unheimlich schutzlos offenen

Plätze strömen machte, und sie alldieweil einzig ihrem erlösenden Dahinschmelzen und finalen Zerfließen in einem unvorstellbar fern erwachenden Frühling entgegenfroren.

So trieben sie einförmig in Unzahlen als allein von den Nöten und Sorgen ihrer eigenen Ausweglosigkeit wie von einer unbändig beständigen Angst, zu erfrieren oder festzufrieren, bewegte Körper auf der frostharten Oberflächlichkeit einer in und um sich tiefbetrübten Welt – oder waren all diese vielen ärmlich bemitleidenswerten Gestalten doch nicht mehr denn ein überwirklicher Spiegel meiner eigenen unerfindlichen Befindlichkeiten, die ich wohl seit Tagen und Wochen und weitaus länger schon in und bei mir angesammelt hatte und alsdann mit gewohnt verwöhnter Regelmäßigkeit hinaustrug in die Welt, wo ich mich ihrer so unbedacht wie beiläufig entledigte, und wahrscheinlich auch nur deshalb jederzeit so rundum befreit zurückzukehren vermochte? Waren mir also meine Einbildungen abermals über den Kopf hinausgewachsen in die Welt und trieben dort reichlich faule Früchte, deren Bitterkeit den Geschmack des Ganzen bis zur Ungenießbarkeit verdarb? Konnte meine Welt angesichts solcherlei geschmackloser Gegebenheiten noch irgend mehr sein denn eine bloße, wenn auch vielleicht nur periphere Projektion meiner eigenen Besorgnis und zudem das perpetuierte Projektil meiner arg leidenden Selbstvergewisserung – oder nahm ich mich nicht eben damit erst recht allem und allen gegenüber für vielfach zu voll?

Vielleicht war das nämlich gar kein echter Winter, sondern vielmehr eine ganz sonderbare Art von Krieg, subtiler zwar, leiser und vielfach hintergründiger, auf den ersten Blick mithin auch weitaus weniger blutig als für gewöhnlich angenommen, doch dafür von einer quälenden Gewalttätigkeit, die ohne ein wirkliches Ziel außer sich fortan einen jeden allüberall zum Feind hatte und außerdem eine in ihrer unaussprechlichen Furchtbarkeit so kolossale wie unermüdliche Nachhaltigkeit besaß, denn es schien bei dem Ganzen um gar nicht viel weniger als um Alles zu gehen – oder war ebendies abermals nur ein Zeichen des ewigen Konfliktes in und mit mir selbst, Symptom des mich vollkommen vereinnahmenden und konstituierenden Kampfes um gleichwie zwischen Selbsterhalt, -herrlichkeit und -zerstörung auf dem schmerzlich schönen Weg zur Selbstwerdung, welcher mich in meiner zur Unausstehlichkeit angeschwollenen Launenhaftigkeit die Stadt wie das Land darum und darüber alle Leute darin gleich der ganzen Welt um sie herum in Chaos, Krieg und ewigwährendem Winter erleben machte?

War ich nun – genauso musste auf ein intensives Erleben ebensolcher Art und all diese Erfahrungen von Boshaftigkeit, Kälte, Feindschaft und Finsternis hin nun wieder wie immer sonst auch das nach zumindest dünner Bestätigung düsternde Nachsinnen und in tiefstes Grübeln versinkende Gedenken stets von neuem beginnen – oder war ich nun etwa doch nicht auch über meine reinen Vorstellungen hinaus der letzte und einzigverbliebene Gute, wie ich inmitten der in sich verschlungenen Windungen meiner unaufhörlichen Reflexionsschleifen so herrlich selbstverehrend wie verheerend weltverzehrend, allen Sinn zugleich gebärend und entbehrend, so selbstbesessen und weltvergessen immer und immer mich um mich drehte, bis mir schließlich die Welt im kreisetanzenden Schwindel vollkommen geworden zum Schauer und ich in meiner ehrlichen Verwirrung darüber ziemlich unfähig, die Dinge irgendwie zu ordnen oder irgendetwas sonst an Plan und Regelhaftigkeit in diese Welt zu bringen, wodurch mir freilich jeder Verlauf der Dinge gleich ihrem Vergehen chaotisch, paradox, unlogisch wie wohl reichlich widersinnig habe erscheinen müssen, da mir ja darum und deshalb vor allen Dingen gerade die Menschen glauben zu machen wussten, die Welt sei dunkel, kalt und böse mir und ich allein daher ein Guter noch.

Solchermaßen maßlos wie kreisrund vollendet wandelnd um den zweifelsfrei zwanglosen Kern meiner selbst, der mich in seinem überaus selbstbezüglichen Gravitationsfeld mit der manischen Kraft einer elliptisch rasenden Epilepsie gefangen hielt und so fern von der Welt und den Dingen und Menschen darin, rieb ich mich kreiselnd am selbigen und wie ich mich so warm- und auf- und abgerieben habe an jenem unteilbaren Kerne, da begann er sich zu lösen, von mir in die Welt – und von mir gleichsam die Welt –, und krachte hinein, ins All wie in alles und in alles andere, zerrieb sich daran zu nichts mehr als nichts mehr und war zugleich Welle und Teilchen, die Quelle ein Weilchen, ein Ozean selbst gar so wohlwogend wie ein geruhsam dahinfließender Fluss und alles allzu bald nichts, beschleunigte dann plötzlich ohne jeglichen Anlauf bis zum Zerplatzen in reine Energie und zerstrahle so endlich in Licht und kurzzeitig unendliche Wärme: welch schöne Verschwendung, ich dachte!

Vielleicht war all das hier deswegen auch gar kein wirklicher Krieg, der um mich anzuheben begonnen hatte, sondern vielmehr eine bloße Art allgemeiner Auflösung, in der sich die Welt mitsamt den Dingen einem gerade so geheimnisvollen wie alloffensichtlich zeitlos alten Plane gemäß, dem langen Lauf der edelsten Kreise folgend, von sich wie von den Dingen selbst befreite – und eben dieser Erlösung durfte und konnte und musste und wollte dann ja wohl auch ich mich anschließen auf meinem unumgänglich zwangsläufigen Weg nach …, ja wohin denn eigentlich? Wieder zurück zum Ursprung? In so gewisser wie vor andauernd altvertrauter Müdigkeit froher Erwartung der nächsten Runde? Oder endlich weiter, unendlich weiter und endgültig weg? Doch einfach nur weg, das mag zwar vielleicht zunächst einigermaßen löblich entschieden anmuten, mithin auch ziemlich einleuchtend erscheinen und wohl sogar in etwa eine ungefähre Art von Richtung vorgeben, wenngleich freilich die am wenigsten möglich konkrete; somit stünde nämlich das Ziel einer solchermaßen dringlich aufgebrachten Bewegung nach wie vor vollkommen unnahbar außer Frage.

So ging ich fortan weiter selbst mit meinen Gedanken durch und
trieb, noch eh ich mich versehen, verloren mit ihnen wie ziellos fliehend und völlig verirrt durch die plötzlich menschenleergefegten
Straßen, ohne diese bislang überhaupt über ihre geradewegs verwahr-
loste Struktur und reichlich verwilderte Unnatürlichkeit hinaus mehr
als recht gröblich wahrgenommen zu haben. Die Stadt – oder was
davon in meinen vagabundierenden Betrachtungen noch übriggeblieben – lag nämlich unangenehm gewohnt wie unbequem gewöhnlich
in ihrem rundum erniedrigten Dunstkreis, in den sich schon lange
kein aufgeklärtes Licht eines Sternes mehr gewagt hatte, von Sonnen
ganz zu schweigen; und all das darin wie zum Trotz erlebbar
gemachte Theater spielte sich zumeist als schauderhaft unziemlich
düstere Szenenfolge theatralisch inszenierter Erlebniswelten ab in
einer wie im permanenten Schrecken vor sich selbst erstarrten Droh-
kulisse aus erheblich kunstfertig aufgebrachtem Gestein, welche
unheimlich tollkühn gesäumt war von postindustriellem Brachland,
von Örtlichkeiten kürzlich verwaister Vergnügung, lange schon ver-
richteter Arbeit und rundherum vergessener Beschäftigung, wo der
selbstgefällige Verfall gemeinhin schon Kunst geheißen ward, um
auch noch die ärgsten der eigenen Befürchtungen als einen Akt von
Kultur betrachten zu können – und um denselben vor allen Dingen
auch selbst als einen solchen begreifen zu dürfen.

Unterdessen war es um mich auf meinem reichlich unbesonnen verlaufenden Wege wider jedes zielstrebig fortbestehende Erwarten
ungewöhnlich ruhig geworden und beinahe schon richtungsweisend
einsam; in unbestimmbarer Ferne ging einzig ab und an ein unbe-
kanntes Rauschen oder Surren in dröhnendem Grollen vor sich hin
und manchmal, da zogen geschwindstreunende Katzen in sachtver-
sprengten Rudeln an den verschlissenen Rändern dieser unwirtlichen
Gegend entlang, scheu und überaus neugierig zugleich, doch in all
ihrer so seelenverwandtschaftlich nachvollziehbaren Verstörung noch
immer von einer unaussprechlich edelmütigen Wildheit beseelt und

mit unzähmbarer Eleganz mehr als begabt, wie sie auf leise weichstreifenden Pfoten wachsam mit ihren beängstigend schönfunkelnden Augen durch achtlos aufgetürmten Müll und vergehenden Unrat huschend gleich außerweltlich beschienenen Schatten ihrer unglaublichen Selbst dort etwas Nahrhaftes, Interessantes oder von irgend sonstigem Belang zu finden sehr ehrbare Erkundungen anzustellen gewillt waren, wo zwischen Schrott und Schund ansonsten bestenfalls noch Kram vermutet werden konnte.

Es schienen dies hier, von mir freilich selbst einmal abgesehen, die letzten guten Geister in dieser ansonsten weithin von jeder Selbstlosigkeit verlassenen Welt zu sein, schattengleich hin- und fortschwebend im fahlscheinenden Licht wie unglaubliche Traumtiger auf selbstsicheren Streifzügen in ihrer ehemaligen Heimat, die jedoch ob des außergewöhnlich gewöhnlichen Ganges der Dinge mittlerweile kaum mehr wiederzuerkennen war, was sie in ihrem schauerhaft wissentlichen Entsetzten bisweilen leidenschaftlich aufrichtig mit aufjaulend singender Traurigkeit bedachten, nur um daraufhin neuerdings die vielen Kunststücken zu vollführen, welche der in seiner fiebrigen Hysterie immer weniger berechenbare Weltenzirkus ihnen abverlangte. Bei aller Aufführung von Sterben und dergestalt zufällig wirkendem Zerfall, diesem unaufhörlich grenzenlos um sie herum dargebotenen Verderben, Verhängnis und Verwelken zum Trotz war ihnen nämlich selbst im allzu verständlich großen Kummer darüber staunenswerterweise alles einzig und allein ein regelfreies Spielen geblieben, ein frohgemutes Jagen fliegend flinker Schattenspieler beim reichlich aussichtsfreien Versuch der unerwartet heimlichen wie erwartbar unheimatlichen Rückeroberung eines undurchdringlich überflüssig wuchernden Dschungels aus unachtsam vertaner Vergänglichkeit und so vielfach verkümmerten wie vielfältig kümmerlich verwirkten Verwirklichungspotentialen.

Dabei folgten sie auf ihren spielerischen Erkundungsgängen der in gewissem Sinne doch so demütigen wie höchstanmutigen Devise, die Dinge schlicht in ihrem hintergründigen Wesen wie in deren vordergründigem Vorhandensein so anzunehmen und zu akzeptieren, wie sie ihnen gegenüberstanden, waren und begegneten, und sie fragten dementgegen nicht andauernd weiter und suchten nicht einfach solange, bis sich schließlich irgendetwas eingefunden hatte, auf das eine derart fraglich versuchsweise Suche doch wohl die ganze Zeit schon so vermeintlich unvermeidlich hinausgelaufen war, wie man sich zumindest im Nachhinein gemeinhin glauben machen konnte.

Entgegen solcherlei Lebenspraxis verspielt auskundschaftender Offenheit und dabei fast schon ketzerisch ins Metaphysische hetzender Zielstrebigkeit mochte, wusste oder vermochte ich, so freigiebig wandelnd und unfreiwillig verloren auf irreführenden Wegen wie allseits umringt und umgeben von den schweigenden Ruinen längst vergangener Versprechen und Verheißungen, von immer weitervergehender Verlockung wie deren unerschrocken fortbestehender Bedrohung, von in Trümmern gegangenen Hoffnungen und langsam zerfallenden Erinnerungsfetzen, alldarum also verstand ich mich vielleicht in meiner ganzen Beschäftigung mit mir und der Welt um mich tatsächlich gar nicht mehr darauf, zu sehen, zu ergründen oder auch bloß zu sagen, ob es sich bei alledem wahrhaft noch um wirkliche Ansichten handeln konnte oder nicht vielmehr nur um meine wahnhaft absichtsvollen Vorstellungen von wahrhaftiger Wirklichkeit.

Die allgemeine Unzufriedenheit hatte jedenfalls, so viel stand ohne jeden Zweifel außer Frage, gleich dem generell bewährten Missmut auf fast unbegreifliche – und besonders unbegreiflich schnelle – Weise überhandgenommen, ganz so, als hätte das Gut böswilliger Gedanken wie über Nacht die Oberhand ergriffen, auf dass kein Tag mehr war und zudem nichts mehr wär', wie's je einmal gewesen. Folglich hatte weiter etwas zu passieren, wie es ja dem Anschein nach auch schon zu geschehen begonnen haben muss mit mir und um mich mit der Welt; vermutlich nur ein spontaner Funkenschlag intim intensivierter Reibung all der hier beharrlich wirksamen Kräfte und alles ward mit einem Mal weithin in Flammen. Jede neue Unordnung war schließlich besser als diese aus und auf beharrlichen Missverständnissen altgewachsene Ordnung, wenn ich auch nicht einmal mehr sagen konnte – und es wohl noch weit weniger wissen wollte –, ob und in welcherlei Maßen ich daran mitgewirkt hatte und weiter noch dabei war, daran mitzuwirken, ebenjene Ordnung hervorzubringen und zu erhalten, oder ob ich mir dies abermals bloß einbildete – oder gar gleich alles im Großen und Ganzen weitestgehend fehlinterpretierte.

Ging es den Anderen etwa nicht genauso, musste es all ihnen denn nicht ebenso ergehen wie mir, wenn und wie ich sie so sah und wie doch auch ich so war wie sie und gleich ihnen wandelte und irrte auf ungangbaren Pfaden durch diese unwegsame Welt? Konnte man nicht aller Abneigungen und Unterschiedlichkeit zum Trotz sich zumindest soweit zusammenfinden, dass es für einen jeden und alles insgesamt zumindest ein bisschen besser wäre denn zuvor? Dann wäre nur noch ein wenig an heimlich fortdauernder Kontinuität ins Ganze zu bringen und seine neuerdings unweigerlich zum Guten hin gewandte Entwicklung könnte ihren frohgemuten Lauf antreten. Und genügte dafür nicht vielleicht schon ein einfaches Lächeln, sogar wenn dies nur wider Umstände, Gefühl und Willen gelänge, um den Anderen somit zu beweisen, man selbst sei am Leben gleich ihnen – und damit freilich auch sie – und es gäbe daher zudem wie darüber hinaus überhaupt noch einen, wenngleich ziemlich fahlen Sinn wie eine zumindest flachgehende Hoffnung?

Aber dies führte nun wieder nicht wirklich schnell genug zum Ziel, bevor dasselbe nämlich, wo es uns ja schon jetzt so unkenntlich, gänzlich undenkbar geworden und schließlich verschwunden im sinn- und zweckfreien Dunkel der allgemeinen Unmöglichkeit; mithin lenkte solch ein vollumfänglich geteilter Hoffnungs- und Gemeinsinn auch nur ab, beruhigte vielleicht gar zu sehr mit der sanftmütig betrübten Aussicht auf gewissermaßen unerreichbare Möglichkeiten. Und außerdem hatte es doch solcherlei schleichend scheiternder empathischer Subversion bereits zur Genüge gegeben. Also dann an eines verlogenen Lächelns statt lieber doch gleich ganz geschwind das ehrlich lodernde Feuer!

Aber war dieser Schluss auch noch gültig, recht und billig, wenn vielleicht nur ich so dachte und keiner sonst? Wenn nur mir – dem in seinem fröhlich verlorengehenden Glauben an sich als letzten Guten so unnachgiebig Verhafteten – alles so schlecht erschien, so einfach darum auch zu verbessern, und alle Übrigen wohl soweit einigermaßen gut damit lebten, wenn vielleicht auch nicht wirklich glücklich, so doch zumindest irgend zufriedengestellt? Befänden sie sich aber in diesem von mir aus universell wertenden Sinne nicht genau dort in ihrem Frieden, wo ich den Krieg, wennschon nicht direkt auszumachen vermochte, sodann doch umso uneinsichtiger wie in unersättlicher Unerbittlichkeit verlangte – oder denselben zumindest selbstredend herbeidachte –, um wenigstens irgendetwas zu voranzubringen?

Und war es denn daher nicht auch … zu spät nun aber! Schlussendlich doch zu spät für langwierige Pläne, weiterhin fortschreitende Abwägungen und der schlafwandelnden Betrachtungen mehr, denn mit einem Mal schienen alle, wie ich nun scheinbar ganz sicher zu glauben wusste, so zu denken wie ich – oder zumindest meine Gedanken zu kennen – und ein gewaltiger Ruck fuhr also ausgehend von mir gleich einem hellauf erweckten Gedankenblitz zuckend durch die Leute, womit sich schließlich und endlich doch alles endgültig um mich zu drehen begonnen hatte, wie der unbedachte Blitzschlag meiner anmaßend raumgreifenden Gedanken nicht nur ein unwahrscheinliches Licht auf und um mich scheinen machte, sondern mir zudem selbst jede längere Mühe langsam unmöglich, denn das meinerseits ja höchstens ganz heimlich angeregte Aufbegehren wider die gemeine Maschinerie der Allgemeinheit war in meiner ach so vielfältigen Einfalt meiner sorglosen Obhut entwichen, mir daraufhin entkommen und entwachsen in die Welt, wo es unheimlich wilde Triebe sprießen ließ, die ihrerseits kräftig schlingende Ranken wuchern machten, denn alles um mich und besonders die aus ihrem vormaligen Verschwundensein in eine omnipräsente Allgegenwärtigkeit gezogenen Leute waren über und um den zaghaften Gang meiner zögerlich zündelnden Gedanken ihrer einstmals höchst unbeweglichen Verwurzelungen in einer zutiefst radikalen Bewegung zum offenen Mehr hin entwachsen, für sich über alles, und somit bereits vom sanftwehenden Hauch und versprengten Fünkchen zu dem Winde herangereift, der sie dereinst fegte durch die Gassen, und sie stürmten schon heulend so gleich dem Feuersturme selbst im zornesschwelenden Rauch mit wutwirbelnden Flammen und wortqualmenden Gewaltfantasien durch die Stadt, strömten allüberall durch die Straßen in einer unerfindlich flutdrängenden Mischung aus Leichen- und Karnevalszügen, vereinzelt freudvoll bunte Trauer, toter Masken jenseitige Hoffnung geschminkt mit dem feigen Mute mannigfacher Monotonien einer in verstetigtem Selbstvergraulen garstig ergrauten Masse auf ihrem weniger als halbbewussten Wege zu einer mutmaßlich unumkehrbaren Entscheidung für oder wider die kürzlich noch so unglaublich fernwährende Endgültigkeit.

Vielzahl alldarum, gar wüst und recht wild, wiewohl in ihrem Grunde reichlich abhängig voneinander, doch allesamt einerlei, denn sie verlangten namentlich, soviel schien jedenfalls mir gleich gewiss geworden, bereits jetzt nach einem Verantwortlichen für die stürmisch feurigen Umtriebe ihres so zügig vom Unbewussten in ein allgemeines Bewusstsein vorrückenden Aufbegehrens. Sie wollten schlicht den Stifter der akut aufbrechenden Unruhen in Händen und Gewahrsam wissen, gleichsam den Grund ihrer wuchtigen Wut erkennen; zuvor durfte es nämlich kein Einhalten mehr geben, denn sie bedurften zur Besänftigung ihrer kuriosen Aufgebrachtheit einer hinreichenden Erklärung für alles Geschehen, das Geschehene wie das Geschehende, für ihr Leiden und Wollen wie vor allen Dingen für ihr geradezu unheilvolles Sein im Werden und all das heillose Werden im Sein, für den Zwecke im Selbstzweck gewissermaßen, bevor an so etwas wie Normalität oder einen Alltag überhaupt auch nur wieder zu denken sein durfte. Also war aus all dem Unheil wie wohl zur allgemeinen Genugtuung selbst gefälligst ein ausreichend heilsversprechendes Urteil zu fällen, wozu es ja wiederum aus den verschiedentlichsten Gründen durchaus angebracht erscheinen mag, zunächst einmal ein wenig ruhigen Blutes in frohsprudelnde Wallung zu bringen.

Waren sie aber nun bei alldem bereits ganz gezielt hinter mir her oder bloß flüchtig und orientierungslos hetzend hinter meinen offenkundig anonymen Gedanken – oder waren sie mir etwa nur in meinen Gedanken auf der Spur und eben über die auffälligen Spuren meiner ungezügelt umherschweifenden Überlegungen auf die alles in allem doch eher ziellos verzweifelt vieldeutigen Schliche gekommen? Und schienen sie also und dabei nicht eben alle doch so zu denken wie ich? War ich daher zu ihrem Heiland und Erlöser geworden, zum Ziel ihrer frohgemutesten Hoffnungen wie der unsäglichsten Erwartungen, oder nicht doch vielmehr der Schrecken und das Grauen, welche sie gemeinhin dezidiert beflissen glaubten, ihnen das Sein wie sie selbst im Grunde und gänzlich zu verunmöglichen?

Ehrenmal oder Scheiterhaufen, soviel war mir wohl gewiss und dazwischen auch rein gar nichts anderes mehr denkbar, wie sie in fremden Zungen nach mir verlangten – und meinen Namen also kannten! –, als dessen proklamatorisch verrufenes Ertönen auf den wie über und durch die Straßen hallend gleich einem Schlachtruf im eigentlichen Sinne gar schaurig an mich herandrang – oder vernahm ich nicht doch ekstatisch überhöhte Jubelchöre, deren dankestolle Lieder meinetwegen angestimmt und in freudentoller Wut gesungen? Verlangten sie deshalb danach, mich für alle Ewigkeit zu offenbaren oder der völligen Vernichtung preiszugeben? Forderten sie in mir oder für mich ein nie dagewesenes Opfer darzubieten, um damit ein heiliges Ritual zu beschließen, das all dem turbulent zelebrierten Tumulte zumindest symbolisch eine Form von Einhalt gebieten möge? Aber gab solch heilsblutiger Ritus nicht dem wilden Trubel solch unerfindlich wirbelnder Gemenge vielmehr erst rechten Anlass gleich der brutalst möglichen Bestätigung?

Berauscht von der Macht der Massen oder betäubt von ihrer massenhaft vereinzelten Ohnmacht gingen sie jedenfalls im unsäglichen Geheul ihrer gewissen Verwirrtheit ohne jeden Zweck denn dem der großen Leere in sich nach – oder folgten sie dementgegen etwa doch dem fernen Ziel wie der versteckten Absicht weit größerer Pläne? Vollzogen sie das offene Geheimnis einer heimlichen Ordnung oder trieben sie gar, ohne es vielleicht selbst besser zu wissen – oder überhaupt wissen zu können –, eine lange schon gewisse und dennoch weithin verkannte Offenbarung voran und somit gleichsam ihrem unausweichlichen Ende oder unentschiedenen Finale entgegen?

Alles war in jedem Falle so fraglich geworden, wie es von einer heimtückischen Art postrevolutionärer Überheblichkeit eingenommen worden war, die jedem Einzelnen die umfassend teilhaftige Macht der Massen spüren machte gleich ihrer geschichtsprägenden Kraft, wobei solch partiell wirkende Arroganzen sich allerdings zugleich von der metaevolutionären Ungewissheit einer ausnahmslosen Vorsehung genährt wie umnebelt fanden, welche ihrerseits wohl einzig in wirklich historischen Momenten in der Luft liegen mag; ein bisschen verstreute Zuversicht vermischt mit jeder Menge Unbestimmtheit und darüber ein wenigreflektiertes Unbehagen im überaufgeklärten Angesicht einer schon allzu lange abzusehenden Bestimmung, deren wider jedes noch so hoffnungsfroh aufdringliche Erwarten gewiss doch urplötzliches Eintreten es indessen unumwunden intuitiv verstanden hatte, der Allgemeinheit als unabsehbare Katastrophe in Erscheinung gleichwie entgegenzutreten, wo doch gerade auf ihr nun endlich unweigerlich angebrochenes Aufkommen alles so lange schon hin- und hinausgelaufen war, wie es ja im gemeinsamen darauf Hin- und Zuarbeiten über alle Maße bedacht und bestrebt auch stets gewesen.

Die enorme Maschinerie nämlich, die wir einst in halbem Bewusstsein gemeinsam erbaut, auf dass sie uns dienstbar und nützlich sei, und die sich über die Zeit wie mit unserer allzu unbedachten Hilfestellung bis ins Unerträgliche gegen uns zu verselbständigen begonnen hat und wider die wir nun alle so ausgiebig zu denken und manchmal gar zu handeln meinten, war endgültig dabei, uns zu verschlingen, sich uns genüsslichst einzuverleiben, stürzten wir sie nicht zuvor vom in aufrichtiger Falschheit hochaufragenden Throne ihrer unumstößlichen Gewissheiten, den wir ihr ja einstmals selbst so ehrfürchtig schaffenstoll erbaut wie schmuckvoll verziert, und zwar ziemlich schleunigst.

Befähigt und begabt dazu mussten wir ja sein, denn wie sie ihren Grund und Zweck in uns hatte, so waren eben wir ihr Bedingung und Ziel. Die im weitengen Bezugsrahmen unserer diesbezüglich höchststräflichen Untätigkeit aus Scham vor Schuld und dem Eingestehen jeglicher Verantwortung immer wieder und stets weiterverdrängten Ängste waren nun endlich dabei aufzugehen, in sich und zu uns wie mit uns und über uns in die Welt, sich ausgehend von ihrer unbewussten Heimstatt in der Verwirklichung ihrer heimlich gewiss werdenden Gegenwärtigkeit aufzulösen, genauso wie wir es wohl immer schon gewollt und gewusst haben mögen – zumindest alldiejenigen unter uns, von denen mit gutem Gewissen anzunehmen ist, dass sie davon eine annäherungsweise Ahnung gehabt haben konnten.

Als Motiv dient uns daher zwar gewissermaßen abermals mehr die Angst um und vor uns selbst denn irgendeine voraussichtliche Hoffnung oder geheime Zuversicht, aber immerhin war so wieder etwas Bewegung ins Ganze gekommen. Welche Rolle dabei nun mir zukam – oder welcherlei Rollen mir spielerisch zufallen oder einfallsreich angedichtet werden mochten –, ob ich Feldherr oder Gefolgsmann war in dieser Schlacht, die meinerseits vorsätzlich angestiftet oder unbewusst mitverursacht und fortan halbwegs wohlwollend begleitet wurde, ob ich handlungsweisend spielender Stratege war oder taktisch wie gemäß einer jeden Laune einsetzbares Mittel zum Zwecke, ob Feuerleger, Brandstifter, Zündfunke, glühender Sympathisant, schlicht ein aufgeheizter Mitläufer oder bloß ein wenig warmherziger Beobachter dieses redlich versuchten, kläglich missglückten, kurios gescheiterten oder aber beharrlich vollzogenen und zu einem guten Ende hin geführten Umsturzes und Aufbegehrens wider die rabiate Maschinerie einer schwerfällig desperaten Allgemeinheit in ihrer unverbesserlichen Überzeugung von nichts außer sich, alldavon hatte ich weder eine grobe Ahnung noch irgendeine andere Vorstellung.

Doch meine exakte Rolle in diesem Spiel und alles mehr nun erst einmal einerlei, denn was mit einem bedenkenlosen Winterspaziergang seinen Ausgang genommen, war dabei sich über sich und mich hinaus Bahn zu brechen in die Welt und ich war – oder war mir jedenfalls bewusst, es zu sein – schon selbst mehr als durcheinander und mittendrin im Chaos, sein Zentrum und Auge des brodelnden Sturmtiefs, blind und rundum betrachtet oder unsichtbar sehend, ein Antreiber und einzig wissend, wie ich mir dachte, nicht mehr allein und trotzdem so isoliert wie niemals zuvor, als Flüchtling meiner selbst verdammt zum endgültigen Ausbrechen aus meinen unsteten Gedanken, denn, soviel war mir bei all der Aufbruchsstimmung um mich herum in allerhöchster Unmissverständlichkeit gewiss geworden: es war höchste Zeit zum Ausbruch!

Wer konnte, der rannte, wozu, wohin und weshalb auch immer. Eine biblische Gruppendynamik aus kollektiver Entschiedenheit und massenhaft vereinzelt irrender Paranoia, höllisch drängendes Wegstreben himmlischer Hoffnungen, die sich lösen und winden zwischen dem außerweltlichen Glück ihrer endgültigen Erfüllung und zeitweise vergeblichem Vergehen, Aufgang und Untergang so schrecklich nah beisammen und untrennbar wohltuend durchmischt allzugleich; ein anrührender Aufruhr und zerreißende Anspannung waren dabei, sich auf- und loszumachen und alles, was ihnen oder ihrem weitergehenden Weg im Wege war, in ihrer auf manche Zeiten hin so unbehelligt unheiligen wie heillos unreinen Vereinigung hinwegzufegen mit der niemals und nimmer aufzuhaltenden Kraft historischer Gewissheit.

Unter diesen Umständen allein weiterzugehen, weiterzukommen oder auch nur weiter zu sein, all das war mir im völligen Durcheinander meiner ziellosen Verzweiflung alleine schon unmöglich zu denken geworden. Andererseits war ich wohl doch nicht so einsam, wie mir auf mancherlei Art gern beliebt hätte, wo ja so viele um mich und bei mir und mit mir und gerade eben hinter mir her waren. In meiner totalen Orientierungslosigkeit wie in der darunter nicht ganz unheimlich versteckten Suche nach Hilfe und Auswegen – oder auch bloß nach zeitweisen Ausreden – redete ich mir beinahe schon ein, es wäre nun auch gar nicht allzu unredlich, schon schlicht aus Gründen der Neugier auf das dann Kommende, aus einer verzweifelten Lust wie dringender Gier nach Veränderung gewissermaßen, einen Freitod zu wählen – gleichsam natürlich des kleinen Mannes wahrhaft letztwirklich große Freiheit –, da mir ja als einem im Leben doch schon recht bewanderten, wohlerfahrenen und ihm gegenüber prinzipiell sehr offenen Menschen der Tod mehr als nur eine solange als irgend möglich verdrängte Notwendigkeit war, also nicht nur ein End-, sondern vielmehr ein Mittel- und Höhepunkt gar, Versprechen und Drohung zugleich wie in den jeweils allerhöchsten Maßen.

Ich verdrängte jedenfalls, das Warten auf den nächsten Abschnitt nicht mehr erwarten könnend, die wahren Gründe meines Unvermögens – mein unerfülltes Leben – und scheute darum weiter die Anstrengungen eines vermeintlich allzu langen Weges auf der Suche nach dem – oder zumindest irgendeinem – Sinn. Aber nahm ich nicht gerade, wie ich von meiner offenbaren Not in solch konsequente Finalität gelockt mich sah, all den Anderen den grauslichsten – oder vielleicht auch, wer mag's denn schon besser wissen, den erquickendsten – Teil der Arbeit ab, mithin den Haupt- und sprichwörtlichen Löwenanteil in ihrem blutdürstenden und -getränkten Vorhaben, und nahm ich ihnen auf solcherlei gewissermaßen höchst verhängnisvoll egozentrisch selbstlose Weise nicht auch gleichzeitig den abschließenden Schritt und finalen Schnitt ab bei ihrem Vorgehen gleichwie den letzten Handgriff in ihrem Vergehen vorab? Wär' und war ich ihnen aber in diesem Falle einiges voraus und fraglos überlegen oder nicht viel eher folgsam, gehorsam und daher ausweglos unterlegen? Oder etwa beides zugleich, obwohl dann wiederum alles Weitere sowieso bestimmt schon egal gewesen wäre? Ob und was nun weiter noch gut war oder schlecht, ich wusste schlicht im Ganzen nicht mehr weiter noch aus oder weg – und zu bleiben schon gar nicht.

Und inmitten all dieses flüchtigen Verlaufens und chaotischen Auseinanderstrebens im fliegenden Schatten einer doch so unerwartbaren wie längst ebenso offenkundig bereits angekündigten Eruption des so lange wie bange Aufgestauten erkannten wir einander endlich so plötzlich und unverhofft wie unausweichlich folgerichtig am flehentlich fliehenden Blick der davonstrebenden und in ihrem reißausnehmenden Hinforteilen beinahe schon vollends der einsehbaren Welt auf unnachahmbar nachsichtige Weise entkommen Augen, die noch hell waren und wach und warm leuchteten, wie sie wirklich zwingend suchten – oder es zumindest zwinkernd- oder gezwungenermaßen versuchten.

Wir wussten einander in jedem Falle sofort in diesem sehnlichst sehenden Suchen des spürenden Blickes gefunden zu haben gleich uns selbst, unverkennbare Brüder ohne weitere Bande denn ihre Aussichtslosigkeit, die geteilte Not und ihre gemeinsame Eile, verstanden uns sogleich vollkommen, ohne auch nur ein einziges Wort bemühen zu müssen, denn dem, was wir erlebt hatten – oder was einer unter Umständen dem anderen bereits angetan –, konnten keine Worte je gerecht mehr werden, weshalb in dieser Hinsicht bei aller Vor- und Rücksichtnahme auch höchstens noch mit rächenden Taten zu rechnen war, mit letztgültig zufriedenstellend allgemeinrechtsprechenden Worten jedoch nimmermehr.

Daher war es ja in wie ob der verständnisfreien Unmissverständlichkeit unserer augenblicklichen Einigkeit zunächst auch komplett egal, ob wir denn überhaupt dieselbe Sprache sprachen – oder wieso wir solcherlei überhaupt hätten wissen sollen –, denn jeder hatte wohl gewiss schon lange für sich allein zu laufen begonnen gehabt, ohne bislang vielleicht so recht genau gewusst zu haben, weshalb und wohin, doch an der augenscheinlichen Kreuzung unserer Blicke waren wir vereint worden wie fortan unsere Wege, und im Vertrauen auf unsere Hoffnung, oder vielmehr in der Hoffnung auf das Vertrauen des jeweils anderen auf unser beider einige Verbundenheit wie im alternativlos geteilten Glauben daran, den letzten rechten der unendlich vielen gangbaren Wege zu begehen, hatten wir auch schon unverzüglich eilend begonnen, denselben unnachahmlich zu beschreiten, gleichsam gemeinsam unsere letzte Reise zu bestreiten, in vereinter Gewissheit des Ungewissen wie ob der offenbaren Unmöglichkeit jeder andersgehenden Möglichkeit: hinaus aus der Stadt!

So kam es also zustande, dass eine dem anfänglich harmlosen Anscheine ihres tatsächlichen Ausganges nach gerade doch wohl eher zufällige Begegnung mit meinem nachfolgenden Begleiter sich noch in jener Stadt begeben hatte – vorausgesetzt freilich, es habe unter solchen Umständen überhaupt noch so etwas wie einen Zufall geben können.

(September 2015)

Schritt zwei: Auszug und Einkehr

Ohne irgendwelche Absprachen oder eine anderweitige Verständigung denn unseren gemeinsamen Gang wie abgesehen jedweder weiteren Rückversicherungen neben der schrittweise erprobten Zuverlässigkeit unserer Beine und einer viel gröber erahnten denn wirklich vermuteten Einigkeit hinsichtlich unserer mutmaßlich geteilten Ab- und Ansichten waren wir mit und seit der scheinbaren Einheit unserer Wege so fulminant flugs wie zielstrebig verirrt und gleichsam vollauf unberührbar im Gleichschritt der proletarisch meisterhaft makellos standesgemäß wütenden Massen gezogen, haben uns also ebenjenen angedient und angeglichen, vor und bei denen zugleich versteckt wir uns hielten, um uns gewissermaßen unserer eigenen Verfolgung durch die unverschämt vollbewusste Teilhabe ebendaran zu entziehen.

Und alldabei stimmten wir noch geradezu selbst leibhaftig angetan vom massenhaften Rausch der Selbsttäuschung und -betäubung um uns in die mordslustigen Gesänge ein, johlten waghalsig auf und erhoben gar, wie plötzlich befreit, in einem von jungaufkeimender Unschuld überschwänglich geschwängerten Übermut wider die ganz offenbar hemmungslos Gejagten selbst manch ausgesprochen blutrünstige Forderung, welche dann sogleich weithin dankbar aufgegriffen ward, größten Zuspruch gefunden und allseits widerhallende Anerkennung im vielstimmig um uns tobend tosenden Wohlgefallen, der ja gleichwohl ganz unbestreitbar der größtmögliche Widerspruch gegen uns selbst war, was freilich niemand wissen oder auch nur leise ahnen durfte – vielleicht gar nicht einmal mein mich gerade mit seiner unüberhörbaren Stimmgewalt so unheimlich tollkühn herausfordernder Begleiter.

In diesem aberwitzig folgewidrigen Singsang spontan anklingender Schlachtenchoräle hatten wir denn wohl auch selbst ungefragt wenigstens ein kleinwenig an Schuld und Verantwortung auf uns genommen, was zumindest unseren etwaigen Untergang anbelangt, wobei derselbe nun freilich unter rein formaler Berücksichtigung all unserer inbrünstigen Anstimmungen wie eingedenk der Unglaublichkeit unserer allenthalben ausufernden Ausrufe sogar leichthin umstandslos zum selbstverschuldeten Verhängnis deklariert werden konnte. Doch höchstwidersprüchlicherweise, und freilich nicht ganz frei von widerwärtigster Freude, waren ebendiese Augenblicke die vorläufig letzten, in denen ich mich einigermaßen wohl gefühlt im Moment und vor allem ebendort auch meiner selbst ganz gewiss, glücklich erfüllt ohne viel weitergehende Gedanken, wie's oftmals wohl sich zuträgt, wenn sowieso nichts mehr ist, was weiter es gäb' zu verlieren: ich selbst als blutpöbelnder Anführer meines eigenen Mordkomplotts, begleitet wie angeleitet von der verführerisch schattenhaft grölenden Kompanie des massenhaft umgetrieben Unsagbaren.

Unglaublich, unglaubwürdig, zunächst jedoch egal, wir entkamen nämlich, zusammen, ihnen allen, unversehrt, der Stadt – wiewohl zuvorderst uns selbst. Ob wir den wutschreienden Massen dabei aber wirklich so listen- und glorreich entlaufen waren, wie wohl einzig wir – oder zuallermindest ich – vermuten mochten, oder ob sie uns nicht vielmehr begnadet originell hinausgeleitet hatten, dies war mir zunächst ziemlich gleichgültig und ist's noch bis heute, wenn auch in dieser vorsätzlich desinteressierten Nachlässigkeit eines meiner größten Versäumnisse gelegen haben mag – und vielleicht viel weiter noch liegt.

Aber Stadt nun hin und her wie das gemeine Volk weit und immer weiter hinter uns zurück, denn spätestens beim Eintritt in den Wald waren die künftigen Rollen von uns zwei beiden innerhalb dieses wahrlich zweifelhaft unstimmigen Duetts recht endgültig und klar auch verteilt, wie mir allerdings erst sehr viel später – hoffentlich nicht zu spät – einigermaßen bewusst geworden, wenn mir auch und besonders im Allgemeinen die spezielle Rolle meines damaligen Begleiters gleich seinem eigenen Selbstverständnis bis heute noch nicht wirklich einsichtig geworden ist in ihrem ungewiss wankelmütigen Befinden zwischen Führung, Verlockung und Verführung, Anleitung, Umleitung, und Verleitung, Voraus, Zurück wie Nebeneinanderher: wer war er nun wirklich?

War er mein Gleichgesinnter, von denselben Motiven getrieben wie ich, von ebenbürtigen Bedürfnissen geleitet wie von gleichartiger Ambition beseelt, war er daher also lange schon in einer Art oder in einem Akt von progressivem oder proaktivem Widerstand begriffen, damit vertrauensvoll befasst wie vertraulich daran beteiligt, arbeitete er dort eventuell sogar akut an der Organisation eines jedem Unbeteiligten kaum erdenklichen Wandels mit wie insbesondere auch tunlichst wohlbesonnen an einem vielversprechenden Danach, das mit erneuerter Ordnung und gehobener Struktur all dem dann Vergangenen nachfolgen möge, indem es mit frischfreudiger Würde wie voll der berechtigten Hoffnung und in einer allgemeinen Begeisterung eben aus seinem Niedergang oder Umsturz erwachse? Oder war er mir vielleicht sogar noch weitaus ähnlicher und befand sich gleich mir zeitlebens in einer Form von innerem Exil und internalisierter Opposition, beschämt und angewidert von der Welt um sich einzig auf sich zurückgeworfen wie zum steten Rückzug in sich selbst veranlasst, zurück in die berauschend beschauliche Vollendung und selbstbeständig grenzenlose Enge introspektiv so sympathisch systematisierter wie überaus kritisch bedeutsamer Gegenentwürfe seiner eigenen Gedanken- und Seelenwelten? Oder beschränkten sich unsere

Gemeinsamkeiten wirklich nur auf das Fliehen vor den gewissenlosen Ungewissheiten wie auf das eilige Davonziehen aus den unrühmlichen Umbrüchen urtümlich beunruhigenden Durcheinanders aussichtslos offener Umstürzeleien?

War er aber ebendarum vielleicht doch Anhänger oder gar tragendes Element der bestehenden Herrschaftsverhältnisse, systemrelevantes Glied und Machtfaktor, selbst Persönlichkeit von Rang und Namen oder mehr noch ein führender Kopf – vielleicht gar ein strahlendes Gesicht – des gegenwärtig wohl ziemlich entrüsteten ancien régime, der demselben mittlerweile zwar entsagt und endgültig abgeschworen haben mochte, aber doch schon viel zu viel an untätiger Mitwisserschaft oder schuldhafter Mittäterschaft auf sich genommen hatte, um jetzt noch irgend unbedarft zurückbleiben zu können in der Unübersichtlichkeit derart unbehelligt auf- und umherziehender Wirren? Oder hatte er der Herrschaft etwa noch gar nicht abgeschworen und entsagt, sondern nutzte dementgegen meine flüchtige Wenigkeit höchst listenreich als Vorwand und Deckung seiner weiter als meine kühnsten Vorstellungen gehenden Vorhaben und war nun zuallervorderst darauf aus, die Kräfte der sich soeben in unumwundenem Spektakel beweisenden Umtriebe in reichlicher Distanz sich verausgaben zu wissen, nur um dann über einen konzentrierten konterrevolutionären Einfall wie in wohlgeplant vorstoßender Attacke mit in langer Übung erfahrener Umsicht alles eventuell bis dahin Erreichte mit einem unvorhersehbar gezielt rückwirkenden Schlag zunichte zu machen und daraufhin die wiederergriffenen Zügel nur umso straffer anzuziehen, um dem Ganzen fortan unabwendbar die Richtung gleich der Möglichkeit seiner weiteren Bewegung zu diktieren, ihm seinen unbestreitbaren Weg zu weisen und zugleich jedem potentiellen Aufbegehren für alle Zukunft bereits im Denken den Grund seiner Eventualität zu entziehen?

Der letzten unter diesen Überlegungen käme wiederum insofern einiges an Bedeutungsgewicht zu, als dass ich ihm momentan ja geradewegs selbst half, bereits ein gutes Stück weit geholfen hatte und darüber hinaus auch weiterhin dazu beitragen würde, jede weitergehende Veränderung im Ganzen sehr wesentlich zu behindern, sie zumindest eingängig zu erschweren oder spürbar zu verlangsamen, wenn, ja wenn ich mich nicht – oh könnt ich mir doch bloß sicher sein – dazu aufraffte und ihm schleunigst ohne allzu viel Aufhebens oder weiter irgendein Aufsehen zu erregen mit einem ansatzlosen Hieb den widerspenstigen Garaus machte – was freilich beides, der heimtückische Mord gleich der passiven Beihilfe zur indirekten Tyrannei, meinen eigenen eigentlichen Absichten doch mutmaßlich aufs Gröbste zuwiderliefe, wenn ich mir diesbezüglich in jenen Augenblicken auch so ungewiss war wie selten zuvor und lange schon nicht mehr.

Wie ich mich daher angesichts der gegebenen oder bloß vorgegebenen Eventualitäten, ob all dieser angeblichen, nur vorgeblichen oder sowieso vergeblichen Möglichkeiten richtigerweise verhalten hätte sollen zwischen Vernunft, Verrat und Verruf wie Verschwinden, Vergehen und Verhängnis, das wusst' ich überhaupt nicht mehr und immer weniger, solange ich meine Gedanken während unseres eingängigen Marsches auch dahingehend bemühen wollte. Also folgte ich ihm einfach weiter im geläufigen Versuch einer unauffällig verdachtsfreien Vertrautheit wie in vertraulich kommentarloser Kameradschaft, denn unbestreitbar war doch bei den mir schon offenbaren Optionen, Verzweigungen und Unwägbarkeiten dieses bereits begangenen oder zumindest begonnenen Weges lediglich, dass mein seinem vorauseilenden Anschein nach so zielstrebig voranschreitender Gefährte mit Sicherheit bestimmt mehr wusste als ich – wohl auch und gerade, was im Besonderen mein weitergehendes persönliches Geschick anbelangen sollte.

In jedem Falle übernahm nämlich spätestens beim besagten Eintritt in den Wald wie mit der äußerst behutsam heraufziehenden Dämmerung mein mir nach wie vor reichlich schleierhafter Begleiter für mich unverkennbar die Führung, welche vormals mutmaßlich einer von fern her wirkenden Bestimmung anvertraut gewesen, und ich folgte ihm so wenig überzeugt wie zugleich von jeder Möglichkeit der Existenz einer Alternative – ganz zu schweigen von dereinst geradezu möglichst alternativen Existenzweisen – desillusioniert, wie das Dunkel mit uns immer tiefer in den Wald hineingezogen war. Gesichtslose Schatten hatten sich uns bei diesem unlauteren Vordringen insgeheim angeschlossen und waren nun dabei, uns in der allseits ohne jeden ersichtlichen Grund fortlaufend knorrig knarzenden Finsternis hundertfach zu hintergehen, was jeden weiteren Schritt zu einem vollends neuen Weg ins Ungewisse verlängerte. Wir waren – oder zumindest ich für meinen Teil –, so viel stand bei all der umstandslos ergiebigen Düsternis doch unaussprechlich außer Frage, von unsichtbaren Mächten verfolgt und geleitet, verführt und begleitet, wie wir so dahingingen auf unkenntlich verborgenen Pfaden nach einer neuen Heimstatt, frischen Bestimmung oder unberührten Hoffnung im Unsichtbaren hin.

Miteinander liefen wir ganz einfach nebeneinander in einvernehmlichem Schweigen oder in ohnmächtiger Sprachlosigkeit einen beschwerlich langen Marsch, der uns zuerst hinaus aus der obskuren Stadt mit ihren spontanen Entzündungen, dann über vereinzelt menschenleere Dörfer und winterlich brachliegende Felder und schließlich hinein und hindurch durch den dichter und immer dichter werdenden Wald geführt hatte und an dessen vorläufigem Ende wir schließlich die wohl wortlos oftmals als Zwischenziel besagte oder sogar heimlich als Zielort bestimmte und deshalb nur umso berüchtigtere Hütte erreicht hatten in ihrer offenkundig abgeschiedenen Lage am Fuße einer steilaufragenden Felswand, welche dem ganzen Anwesen gleich jedem dort Anwesenden sowohl einen hohen Schutz wie eine einprägsame Leit- und Landmarke zu gewähren schien, als dass sie dies wie jenen selbst indessen auch beständig mit seiner völlig unvermittelten Zerstörung bedrohte.

Dieser sich düster erhebende Koloss musste in seiner gehobenen Stellung den bescheidenen und unter anderen Umständen wohl recht beschaulichen Ort sogar noch in einem gegenwärtig vollkommen unvorstellbar fernen Sommer sehr zuverlässig vom Genuss eines jeden direkten Sonnenlichts ausschließen oder er hinderte dasselbe zumindest vor allzu tiefreichenden Einsichten. In den drei vom steinwandverdeckten Süden abgesehenen Richtungen lag darum rings der enge Nadelwald, der die kleine behauste Lichtung in finsterer Beständigkeit mit seinem so locker wie gleichsam unablässig sicher anmutenden dunkelgrünen Griff umarmte.

Ein an sich in jedem Falle idyllisch geruhsamer Ort, fast schon zu ruhig nach all dem vergangenen Aufbegehren und Entschwinden und allenfalls ebendeshalb überaus verdächtig, denn alles Geräusch drang nur gedämpft an einen heran, wie durch einen schweren unsichtbaren Vorhang, der diese besondere Stätte in ihrer abgeschiedenen Stille von der restlichen Welt und ihren Belangen auszuschließen oder zu bewahren schien, sodass einem gleich ganz bange werden konnte, sobald er sich dieser eindringlichen Stille hinzugeben begann. (Vielleicht wäre es deshalb, wie ich mich schon kaum mehr getraue zu denken, zu guter Letzt schlechthin doch das Beste gewesen, alles unwiederbringlich unter dem massig ruhenden Steine begraben zu wissen.)

Wir hatten derweil am Rande der Lichtung innegehalten, wie ein aufgeklärtes Grauen auf dem Wald zu dämmern kam, selbst zu dunkel für den Tag, zu hell für eine Nacht; wahrscheinlich wollte mein anscheinend unermüdlicher Gefährte mir noch zwischen den alten Fichten eine Gelegenheit bieten, mich ein wenig von den eingängigen

Strapazen zu erholen, die uns beide hierher geführt, und dabei wieder ein bisschen vertraute Gewissheit zu erlangen, oder aber er beanspruchte diese kurze Weile für sich selbst, um noch einmal den nächsten Schritt in seinem geheimen Plan zu durchdenken, der seinerseits wohl gewiss ganz entscheidend mit der kleinen hölzernen Behausung unweit unserer unduldsamen Rast zu tun haben musste, so zielstrebig und unbeirrt wie er den mir komplett uneinsichtigen Pfad hierher beschritten, doch war ich gerade wirklich zu müde, um weiter zu denken, und blickte daher schlicht vor mich hin.

Schon vom schläfrigen Standpunkt meiner beunruhigten Betrachtungen aus gab es aussichtsreiche Anzeichen – oder letztmalig warnende Vorboten – von scheinbar spontan um das Hüttchen ausbrechendem regem Betreiben, das mehrere flink aus dem dämmernden Nichts aufgetauchte Schatten in grobüberspitzter Alltäglichkeit oder feinüberspielter Außergewöhnlichkeit von drinnen nach draußen gleichwie in die eben umgekehrte Richtung trugen. Es waren dies wohl die letzten behutsamen oder flüchtigen Vorbereitungen in Anbetracht unseres lange schon bevorstehenden Besuches, oder aber hektische Aufräumarbeiten aufgrund unseres doch so unerwartet plötzlichen Erscheinens. Wir waren in jedem Falle frühzeitig erkannt worden, hoffentlich als die Richtigen – und vor allen Dingen von den Richtigen.

Als ich nun nebst dem gewohnt resolut vorangehenden Kameraden die reichlich unglaubwürdig erscheinende Lichtung halb durchschritten und somit beinahe die Türe jener behaglichen Behausung erreicht hatte, da verschwand gerade der letzte kleine Schatten, ergeben in fliehender Höflichkeit oder aber aufgeschreckt und ertappt bei falschem Tun, ungeschickt um eine Ecke. Der davon seltsamerweise zu einem dreifach widerpochenden Klopfen genötigte oder ermunterte Begleiter sah sich nochmals prüfend oder bereits wissend nach mir um, wie mein so schmerzlich frostbetäubter Leib gleich meinen fast klirrend starrgefroren Gedanken mehr oder minder an diese uns jetzt bevorstehende Schwelle herangerückt war, bloß um sich sogleich wieder hoffnungsfroh aufgerüttelt oder angstvoll alarmiert der groben Holztüre zuzuwenden, hinter der gerade eine Art intensives Geflüster zu vernehmen war, das sich mit mehrfach fluchendem Fauchen und garstigem Knurren zu einem zwiespältigen Zischen vermengte, das wiederum seinerseits von einem ungewöhnlich raschelnden Räuspern beschwichtigt zu werden schien, was womöglich sehr ausdrucksstarke Anspielungen der der wohl freundlich gemeinten, aber ziemlich bestimmten Eintrittserlaubnis vorausgehenden finalen Anweisungen an die übrigen uns wahrscheinlich nun Erwartenden gewesen sein mögen.

Daraufhin wurde nämlich die knorrige Pforte langsam von innen her einen Spalt breit aufgestoßen und ich folgte dem sofort beherzt hereinspazierenden Begleiter unsicher ein paar wenige Schritte weit hinein in die warme, rauchige Dunkelheit eines zunächst nicht wirklich ermesslichen Raumes, aus dessen nur vom zeitweisen Knarzen auf den altgedienten Holzdielen sich sachte wiegender Gewichte wie vom arrhythmischen Knistern des seinem frischauflodernden Anscheine nach ebengerade entfachten Kaminofens unterbrochener Ruhe sich langsam und wenig deutlich fünf menschemenhafte Schatten abzuheben begannen, deren zwei größere sich uns gegenüber in der Nähe der frohaufflackernden Feuerstelle befanden, während die drei kleineren in gewissem Abstand dazu gedrungen an der fensterlosen Wand zu unserer Linken aufgereiht standen; einen schweren Holztisch konnte ich daneben als einzig nennenswertes Möbel zwischen den zwei großen und den drei kleineren Gestalten im beißend warmen Dunst ausmachen, welcher obendrein spürbar von neueingezogener Unsicherheit oder schlechtüberspielter Gewissheit durchwirkt war.

Müde und, wie mir schien, beinahe etwas ärgerlich knarrte deswegen endlich der holzdielene Grund unter dem in zurückhaltender Vorsicht vollführten oder mit gehemmter Vorfreude bedachten Vorrücken meines nun auf bloße Umrisse reduzierten Kameraden, der sich nach Momenten einer ihn unübersehbar mit blindem Schrecken überwältigenden Verblüffung – oder aber im schmählich gescheiterten Versuch, das Glück seiner entzückten Begeisterung zumindest noch einige Augenblicke für sich zu behalten – dazu durchgerungen hatte, mit dem mir doch etwas kräftiger erscheinen wollenden der beiden größeren Schattenfiguren in alter Vertrautheit oder von neuaufkommendem Misstrauen geprägtem Wiedererkennen in die von meinem Standpunkt aus betrachtet am weitesten entfernte Ecke sich zurückzuziehen, wo sie nach jeweils beiderseitig mehrmaligem Zunicken und Kopfschütteln bald wieder in anscheinendem Übereinkommen oder scheinbarem Missverständnis auseinandergegangen waren, um erneut ihre Ausgangspositionen in diesem mir reichlich rätselbehafteten Spiel einzunehmen.

Ich hatte mich indessen, ob dieses unerwartet aufregend sinnlich beherrschten Weilchens, in der ofenkundig ehrlichen Wärme des sattglühenden Herdes versehen und vergessen, wobei mir die Hütte in den funkensprühenden Flammen des kostbar lodernden Spieles meiner zuvor ja so ungezügelten und dann vom Begleiter wie seinem beständig vorauseilenden Gang zur freien Willenlosigkeit gebändigten Gedanken in blendend aufflammenden Betrachtungen sowie wild aufzuckenden Zungen und Formen verschwunden war – gleich mir selbst und allem um mich her; ob dies aber nun leidliche Vorahnungen waren oder lediglich flüchtige Träumereien, einerlei, denn so entsprachen zumindest die allzu anschaulichen Unklarheiten der Welt um mich herum noch vollends denen der Welt in meinem Innersten; wer oder was dabei allerdings was oder wen in welcherlei Weise prägte oder beeinflusste, das wusste ich gerade weder zu denken noch gar zu sagen.

Tief seufzte nach einer wohl einer mehr oder minder eingängigen Andacht geschuldeten Weile der Begleiter dicht neben mir auf oder er räusperte sich bloß sehr auffällig, um mich über sein wohlbedachtes oder notgedrungenes Ein- und Ausatmen zurück in diese Wirklichkeit zu holen, und bat mich daraufhin mit höflich bittendem Gestus oder in nachdrücklich fordernder Manier unverzüglich hinaus, nochmals vor die schwergängige Türe. Zusammen waren wir also schon so weit gegangen, um schließlich in so kurzlebiger wie kurioser und auf beinahe grandiose Weise bemerkenswert tiefgehender Brüderlichkeit – wiewohl in freilich zugleich schauerlich umstandsweise erzwungener Vertrautheit – hierher zu gelangen und eben hier unser Glück zu suchen – oder um es wenigstens zu versuchen –, wie zumindest ich gern hoffen wollte.

Die Anstrengungen unseres gemeinsamen Marsches konnten doch mitsamt seiner Mühen auch an ihm nicht spurlos vorübergegangen sein. Müdigkeit und unterkühlte Verwirrung konnte ich jedenfalls mich betreffend keineswegs leugnen, während der Begleiter geradezu angespannt und hochkonzentriert wirken mochte, obschon sein unziemlich strapaziertes Gesicht emotional tiefbewegt war und ihm sogar manche Tränen freudiger Zuversicht oder aber einer jähen Enttäuschung und blanker Furcht aus den geweiteten Augen über gerötet bleiche Wangen rannen und sich langsam herabkugelnd am vor Eiseskälte oder reinem Entsetzen unverkennbar zitternden Kinn zu sammeln begannen, von wo sie sich in unregelmäßiger Folge und kurzweilige Fäden spinnend sprunghaft gelöst und auf den gefrorenen Grund herabfallen gelassen, in dessen bis dahin makellos frostweißes Kleid sie bezeichnenderweise ein mir unverständliches Muster kleiner dunkler Löcher gruben, das mitunter höchstbedeutungsvolle Symbole einer mir vollkommen fremden und daher auch gänzlich unverständlichen Sprache enthalten mochte, was sich mir freilich in jenen kältedurchwirkten Augenblicken auf keinerlei Weise erschließen wollte, wiewohl sich mir die vielsagend traumgleiche Bedeutungsschwere jener gefällig tränentrunkenen, eisgrabend hinfälligen Metaphorik im Nachhinein gleich mehrere Male als überaus universell wegweisendes Element auf meiner bislang doch ziemlich sinngemäß zielfrei verlaufenden Wanderschaft empfehlen sollte, wenn dies auch auf ganz andersartigen Bewusstseinsebenen geschah.

Es sei, sprach er dann jedenfalls recht hastig, doch mehr als deutlich mit einer von Furcht, Freude oder Traurigkeit bemerkenswert merkwürdig verfälschten Stimme, die ich ja gerade zum ersten Male wirklich vernahm und die mir dennoch so unglaublich vertraut klingen mochte, dass ich in spontan aus meiner versehentlichen Versenkung aufschreckendem Behagen beinahe über alle mir bekannten und wahrscheinlich auch im Allgemeinen irgendwie erträglichen Maße hinaus unermesslich erleichtert zusammengefahren wäre, hätte ich nicht zunächst einmal sehr tief durchatmen müssen und wäre da nicht auch ganz zaghaft, doch für mich unverkennbar, jene aufmerksam hintergründig bestehende Hemmung aufgekeimt, deren Ursprung wie -grund mir noch heute weitestgehend unerschlossen sind, obschon eine generelle Vorsicht – oder gar eine universelle Vorsehung – gewiss recht eng damit verwoben ist; in jedem Falle sei, wie mir der Begleiter jetzt unmissverständlich mit redlich verhobener Stimmlage, wiewohl bescheiden kleinlaut vor sich hinsprechend zusicherte, demnach nur mehr eine letzte Kleinigkeit zu besprechen, bevor dies alles hier seinen regelrechten wie angemessen geregelten Abschluss und Fortgang finden könne. Es obliege darob einzig mir, abermals – und zwar dann unumkehrbar endgültig – einzutreten oder aber diesen Ort auf immer und ewig hinter mir zurückzulassen, mich abzuwenden von ihm, ihn im besten Falle sofort zu vergessen und ohne jedwede Rücksicht hinfortzuschreiten, ganz egal wohin auch immer.

Der mutmaßliche Gefährte, diese abgelegene Stätte, alles um mich, und ja sogar noch ich selbst bedrängte mich hinsichtlich der unumstößlich zu treffenden Entscheidung. Unsicher und verwirrt blickte ich in das plötzlich von gefasster Entschlossenheit oder panischer Verlegenheit gezeichnete Gesicht des Begleiters, dessen zudringliche und entschlussfordernde Mimik mein Denken wie eine unter diesen

Umständen irgend freie, freiwillige oder zumindest im Freien vorstellbare Entscheidungsfindung in grober Weise zu hemmen schienen, obgleich ich ohnehin in meiner vollkommenen Unkenntnis von Vorgängen und Lagen wie von Vorgehens- und Zustandsweisen kaum hätte annähernd wohlbegründet entscheiden können.

Also wandte ich mich zunächst ab von ihm und auch dem bescheidenen Häuschen kehrte ich den Rücken, um möglichst umsichtig eine Entscheidung für mich finden zu können, und bemerkte dabei am Rande meiner geradezu vertraulichen Wahrnehmung, wie der Nebel, der mit unserer Ankunft geradewegs begonnen hatte, träge die schmalen Bachläufe längs des Weges einzunehmen und von dort zähschwebend heraufzusteigen, rings umher die gesamte Szenerie beherrschte und uns – ob nun drohend oder schützend – eingekreist hatte und isoliert vom Rest der Welt; und noch sah ich, wie bereits halb hinter dem Nebel verborgen die späte Dämmerung diese willkommene Deckung abschließend genutzt hatte, um sodann diese eine Nacht mit jenem ihr immerdunkles Gewand verdeckend erhellenden weißgrauen Schleier zur ungeheuerlichen Frau zu nehmen – zumindest bis zum ersten Licht des nächsten Morgens.

Aber für solcherlei heimliche Spielchen universeller Liebeleien war mir nun wirklich weder Zeit noch Raum, wenn auch die Muße noch immer mir gewesen wär'. Wie also entscheiden, wo es keinerlei hinlängliches Maß mehr gab, weder Orientierung noch ein Ziel oder irgendwelche regelmäßigen Grenzen? Wohin und auf welche Weise sollte mein Weg sich fortsetzten? Sollte er sich überhaupt noch fortsetzen oder hatte er nicht schon sein jähes Ende gefunden? Und oblag denn eine dahingehende Entscheidung wirklich noch mir oder war sie nicht längst einem allparteilichen Urteil gleich vollkommen unabhängig über mich gefällt, nach Gesetzen deren Funktions- oder Auslegungsweisen mir weder vertraut noch zugänglich waren? Und harrte nicht dieser mutmaßlich bereits getroffene Entschluss noch meiner Ausführung und bereitwilligen Erfüllung, meiner ergebenen Hingabe und ausdrücklichen Akzeptanz, da wider ihn sowieso kein Aufbegehren mehr möglich?

Oder hatte ich etwa bei jener Art von Gerichtsbarkeit noch heimliche Fürsprecher oder gar recht redliche Advokaten und war mir daher vielleicht doch noch irgendeine Form von Einspruch – vielleicht sogar Gerechtigkeit – wider diese so unantastbar anmutende Entscheidung möglich, mithin gar eine totale Revision meiner mir völlig undurchsichtigen Sachverhalte? Aber wenn dem so wäre, auf welcherlei Weise war dem dann im besten Falle nach- oder wenigstens nahezukommen? Und … ich zuckte kurz und fuhr erschrocken aus meinen sich in fragwürdig verinnerlichten Betrachtungen weitläufig verirrenden Klage- und Rechtfertigungsversuchen auf, als ich die kalte Hand des Begleiters locker, aber doch sehr entschieden auf meiner Schulter ruhen fühlte.

Er suchte mich, der weder kleinere Gedanken noch irgendeine größere oder zumindest gröbere Orientierung für sich finden konnte, zu sich zu wenden und sprach zu mir, es sei nun endlich die Zeit gekommen, letztgültig zu wählen. Mit festem Griff und dem wahrscheinlich gutgemeinten Hinweis, ein weiteres Zögern sei hinsichtlich jener einem höchstens einmal und selbst dann bloß zeitweise, sehr selten und für allerkürzeste Fristen offenstehenden Opportunitäten keinesfalls mehr hinnehmbar, versuchte er mein Schweigen nachdrücklich zu überwinden, auf dass mir der rechte Entschluss frei von den blutleeren Lippen komme, wohingegen ich in meiner hilflosen Unentschlossenheit derweil mehr als nur bereit gewesen wäre, selbst einem weniger als halbdeutlichen Wink des Schicksals gehorsamste Folge zu leisten.

Vielleicht war es mir deshalb auch nicht wirklich aufgefallen, dass ich dem leichten Ziehen des Begleiters keinerlei Widerstand, sondern mitunter gar unbewusst Folge geleistet hatte. Oder hatte ich ihm nicht vielleicht doch geistesabwesend zugenickt und was eigentlich nur als unbedachte Anerkennung oder halbbewusste Wahrnehmung seiner bloßen Anwesenheit gedacht, ward von ihm als freies Zugeständnis meinerseits oder sogar als zielstrebiges Hindeuten nach der Hütte und deren grober Türe gedeutet worden, sodass ich plötzlich unversehens aus meinen winterlichen Nebel- und sich verdunkelnden Hochzeitsphantasien mich in die rauchig-warme Realität jenes hölzernen Verschlages zurückgeworfen – und vorangetrieben – wiederfand.

Aus Richtung der drei kleineren Schatten, welche scheinbar noch immer folgsam in unveränderter Ordnung zur Linken aufgereiht zusammenstanden, drang ein infolge einer kurzweilig aufbrechenden Beunruhigung oder Begeisterung, welche im wechselseitigen Ziehen oder gegenseitigen Festhalten der Hände ihren mehr denn schemenhaften Ausdruck gefunden, jedenfalls drang von dort her ein von grässlich enttäuschter Verblüffung gedämpftes oder aber in äußerst freudig erregter Verwunderung dreistimmig flüsternd gehauchtes „… und er kommt doch zurück!" durch den altabgestandenen Rauch an mich heran. „Er hat sich also endlich und endgültig entschieden!", bestätigte ihnen gegenüber mit lange wägenden Worten wie nickend bewegt von hoffnungsvoller Zuversicht oder kopfschüttelnd von ungläubigem Entsetzen ergriffen der Größte im Raume und trat alsdann in sorgsamer Entschlossenheit oder mit zögerlicher Vorsicht einen guten Schritt weit auf mich zu.

Mittels einer geringfügig im lauen Dunst verschwimmenden Bewegung der starken Hand und der dabei wie beiläufig fallengelassenen Bemerkung, es sei nun doch schon wieder an der rechten Zeit, als dass die werten Kinder ihren hehren und billigen Spielereien nachzugehen frei sich fühlen dürften, brachte er eine erschrocken überraschte Unordnung oder aber frohes und bereits lange ersehntes Durcheinander in Gang, das sich nach spontanaufbrausendem Schattenflug mit dem wuchtigen Knallen des Zufallens der Türe alsbald in bedrückend erholsamer Geruhsamkeit aufgelöst hatte.

Jetzt war ich nämlich schlagartig allein gewesen mit jenem großen Herrn, denn unbegreiflicherweise verschwanden in diesem von kindischer Euphorie oder fluchtartig erwachsenem Ausbruchsdrang angeregten Hinauswirbeln und Davonstreben sowohl mein Begleiter als auch die Begleitung jenes Herren, anscheinend untergegangen im und scheinbar hinfort gerissen von diesem kürzlich erregten Tumult, in welchem die drei besagten Kinder – so es denn auch wirklich welche waren und nicht doch vielmehr unerbittlich um die Wiedererlangung ihrer verlorenen Freiheit streitende Zwerge aus ebenjenem hohen Berge – doch allen Ernstes angehoben hatten, sich ihren saumseligen Gespielen zwischen Winter, Waldnacht und frostfeuchten Nebeln hinzugeben, also der düsteren Vermählung beizuwohnen, deren trauernder Zeuge ich bereits zuvor gewesen.

Und wie jener Trubel dem Raum für eine kleine Weile beinahe etwas von seiner fremdartig trostlosen Feindseligkeit oder der ihn vielleicht allezeit distanzwahrend umwehenden Würde genommen hatte, so lag er nun wieder allzu düster um mich in seiner ausweglosen Pracht. Der sich darin nur den äußersten Konturen nach gegen die ihn umgebende, im leichten Feuerschein flackernde Finsternis abhebende Herr begann auf ein unbestimmtes Schweigen hin, sich mir gegenüber langsam auf und ab zu bewegen, eine Hand in schwerem Grübeln am Kinne führend, die andere locker hinterrücks verborgen. Dabei kniff er die vom vielen verbrauchten Qualme arg gereizten Augen entweder mühsam zusammen und versank dabei gleichsam Schritt um Schritt mehr in sich oder er blickte vielleicht doch gestreng zu Boden, um zwischen all dem dunklen, rußgeschwärzten Holze noch irgendeinen Ausweg zu erspähen.

Suchte er mich nun in diesem bangen Warten und vorfreudigen Erwarten zu bestätigen, zu gewinnen, zu verlieren, zu besänftigen oder bloß weiter zu verwirren? Hatte er denn überhaupt eine Absicht mit mir – oder etwa gegen mich? Waren seine schwergängigen

Gedanken denn auf mich bezogen leichthin mehr als leiseschleichende Hoffnungslosigkeit? Sann er in seinem dem mir kaum ersichtlichen Anscheine nach recht ruhig wägenden Auf und Ab wirklich nach Möglichkeiten, mir zu helfen – so mir denn überhaupt noch zu helfen war – oder hatte er sich nicht vielmehr schon vergeblich auf der unergiebigen Suche danach verlaufen, mir diese oder jene Unmöglichkeit in einem größeren Zusammenhange irgend verständlich zu erläutern? Wollte er mich in meiner isolierten Position etwa so lange halten als möglich, auf dass ich von mir aus ihm ein Angebot machte oder unverlangt etwas preisgab, was anschließend nur gegen mich verwendet werden konnte und also meiner Lage oder deren Verbesserung alles außer eben dienlich gewesen wäre? Oder war es schlicht an mir, den nächsten Schritt zu wagen, oblag es doch mir alleine, eine Richtung vorzugeben und ihm so seine elendig quälende Entscheidungsfindung abzunehmen?

Vollkommen unentschieden verharrte ich dann und wahrlich gelähmt in freier Erwartung wie vor angespannter Ruhe, mein aufmerksam unscharfer Blick vorsichtig und unauffällig, aber bestimmt wie unablässig am auf- und abschreitenden Für und Wider meines Schicksals haftend; meiner Hoffnungen und Ängste hatte ich mich nämlich schon zu großen Teilen in der vormals aufkommenden Düsternis des schaurig-schön benebelten Waldes entledigt, ihre kümmerlichen Reste aber wenigstens vor dem zweitmaligen Durchschreiten der Tür zu diesem bestimmten Raume abgestreift, in dem nun von einem wankelmütig gehenden Wahn oder wagemutig wogenden Wohlgefallen ein grandioses oder gnadenloses, grausames oder graziles Gericht über alles irgend noch zu Richtende gehalten ward. Doch neben Schuld- und Verantwortungsgefühl entzog sich mir jedwede Reue ebenso selbstverständlich wie alle Regeln, Regelmäßigkeiten oder gar die Gesetze selbst, falls es hier überhaupt noch dergleichen geben sollte.

Auf dies endlose Hin und Her hin blickte der Große auf einmal kurz prüfend oder sowieso lange schon wissend zu mir auf wie auf mich herab. Meine ohnehin in namenlosen Abgründen versunkene Gleichgültigkeit erschütterte das zunächst nur geringfügig, doch da wandte er sich zu meinem frischaufkommenden Erstaunen sogleich wieder um in erschreckend befreiter Entschlossenheit, zog dann und hob an und lupfte und stemmte vorsichtig wie mühsam, aber durchaus geschickt, etwas zwischen den schweren Holzdielen hervor, warf mir noch im Knien einen so vielsagenden wie nichts versprechenden Blick über die breite Schulter zu und verschwand daraufhin mit einem kraftvollen Satz unversehens im Boden.

Ebendort hatte der Undurchschaubare nämlich eine im zuverlässigen Schutz des wabernden Halbdunkels verborgenen Luke aufgetan und entschwand auf diesem ungeahnten Wege augenblicklich meinen vielfach getrübten Blicken. Zögerlich schob ich mich über die knarzenden Dielen gegen das uneinsichtige Loch hin, dessen bodenlos klaffende Finsternis die des zumindest vom unregelmäßig aufflammenden Flackern durchzuckte der Hütte noch um ein Vielfaches übertraf. Mit gespannten Sinnen tastete ich den nunmehr einzig vom wackligen Wankelmut des feurigen Leuchtens beunruhigten Raum so nachsichtig wie vorausschauend nach etwaigen Möglichkeiten ab, welche sich mir noch bieten mochten.

Sollte ich ihm jetzt folgen oder musste ich gar? War dies eine Falle oder eben meine Rettung? Sollte ich dereinst vielleicht erst noch in eine Falle hineingelockt werden? Durfte ich daher gar nicht folgen und hatte folglich zu warten? Aber auf wen und worauf? Sollte ich etwa noch mehr der jedem wahren Gefühl zuwiderlaufenden Zeit vergeuden? Oder war es dementgegen nicht endlich doch an der Zeit, die Hütte auf diese mir wahrscheinlich letztmalig gebotene Chance hin schnellstmöglich zu verlassen, zurück in den Wald zu eilen, zurück über Felder und durch Dörfer nach der Stadt hin – oder wohl eher zurück zu jener denkwürdigen Stätte, wo vormals jene Stadt gewesen, von der ich ja nicht ahnen konnte, was davon noch übrig war? Hatte ich mich nämlich daselbst nicht dem Unausweichlichen zu stellen, anstatt ihm bis in alle Vergeblichkeit zu entgehen zu versuchen, wo letztendlich doch kein Entkommen mehr war?

Nun war es freilich abermals an mir, zumindest für den nächsten Schritt einen Entschluss zu fassen. Bleiben oder Gehen? Wenn hierbleiben, dann für wie lange? Wenn fortgehen, dann wohin? Zur Türe hinaus oder hinab durch die Luke? Hinter jedem der beiden Ausgänge lauerte jedenfalls im vollkommenen Dunkel eine auf seine je eigene Weise gewiss reichlich undurchsichtig währende Verschlossenheit gleich einer ungewiss unsichtbaren Offenheit. Also denn bleiben? So verblieb ich denn zunächst, gefangen in der heimlichen Unentschlossenheit des Hin und Her, von Für und Wider, zwischen Hinaus und Hinab, in der lauen Stube und bestaunte dort allselbst halb entrückt, halb entzückt das Feuer in seinem schmerzlich langsamen Todeskampf, von dessen ja schon bei seinem Entzünden funkenschlagend vorentschiedener Ausweglosigkeit wie von ebenderen letztendlich asche- und glutreiner Erfüllung ich mich allerdings nicht entmutigen, sondern doch vielmehr erwärmen zu lassen gedachte.

Im Grunde tendierte ich nämlich mittlerweile ohnehin meinem ganzen Wesen nach recht zweifelsfrei zum Unbewussten hin, weshalb mir all dies zuhauf ergründliche Geschehen um mich her eigentlich mehr als gelegen hätte sein sollen. Und tatsächlich genoss ich nun sogar, ohne an früher oder später oder irgendetwas von ähnlich temporärem Belang zu denken, unbegreiflich lange Momente die so umfassende wie unfassbare Unbestimmtheit meiner Lage und gleichsam komischerweise komplementär dazu die mir plötzlich wieder zugefallene Eigenverantwortung und vermeintliche Entscheidungsfreiheit, die nun zwar genauer betrachtet wie an und für sich eben keine wahrliche Freiheit war, aber immerhin so etwas ähnliches wie eine frühe Bedingung ihrer allenfalls späteren Ermöglichung.

Nun wollte ich mich überhaupt nicht mehr, nicht für noch gegen irgendetwas entscheiden, was letzten Endes doch allein auf meiner eigenen Verantwortlichkeit beruhen würde und mir deshalb in einem wie auch immer gearteten Nachhinein einzig zur Last gelegt werden konnte. Daher war ich dem anfänglich atemberaubenden Aufschrecken aus meiner kurzweilig verinnerlichten Ruhe zum Trotz beinahe schon froh über die wie aus dem Nichts auftauchenden tiefen, dunklen Stimmen, die sogleich in barsch anstürmender Vehemenz wie unter beständig festem, dumpfem Klopfen gegen die mich nun behütende Türe unverzüglichen Einlass erbaten oder verlangten.

Hatten sie mich also gefunden? Aber wer, woher und weshalb? War es ihnen etwa möglich, mich dank der Hilfe meines einstigen Begleiters oder gar dank der des großen Lukenflüchtlings aufzuspüren und waren die wütenden Poltergeister daher von einem von ihnen bestellt? Oder handelten sie nicht doch im dringlichen Auftrag der drei eben erst hinausgeeilten Zwerge, weshalb dann diejenigen, welche nun vom winterdunklen Walde her zu mir in die Hütte zu dringen gesinnt waren, ja auch hinter einem der zwei beiden Halunken her sein konnten, oder vielleicht gleich hinter beiden? Und hatte ich nicht schon kurz zuvor, während meiner letztmaligen gedanklichen Versenkung im gerade vergehenden Feuer, gegenwartsfernes Geschrei vernommen, mitunter unschlüssig überhört und missverständlicherweise fehlgedeutet als ein mir tief verinnerlichtes, altes und unbewältigtes Drängen zwischen mäßig unterdrücktem Gewissen und gewissermaßen so gewissen- wie maßlosen Erinnerungsbruchstückchen?

Ob dies nun aber bloß mein redliches Gedächtnis gewesen oder doch ein beängstigendes Zwergen- und Kindergeheul, zumindest zunächst einmal einerlei, denn so wies mir endlich ein äußeres Geschick den

Weg, dem ich sogleich – das Feuer war nur mehr ein müde glimmendes Häuflein seiner einstmals flammenprächtig lodernden selbst – aus dem beinahen ins völlige Dunkel zu folgen mich anschickte. Und wie jenen Herrn vor mir, so muss auch mich erst eine spontane Eingebung aus dem unweigerlichen Für und Wider, aus diesem so ungeschickten wie unschicklichen Hin und Her in den düstern Schacht hinabrufen, in dessen vollkommener Dunkelheit ich nach dem unrühmlichen Schließen der Luke fast erwartungsfroh und offen für alles Kommende ausharre.

Oben, über mir, höre ich derweil nach trügerisch kurzer Ruhe Glas zu Bruch gehen, Hölzer bersten, dann heftiges Gerumpel und schwerfälliges Schreiten, unverständliche Schreie, impulsives Gebrüll oder hemmungslose Flüche, wildes Getrampel und hämisches Scharren, ordinäres Gestöhne wie ungläubiges Schnauben und gar gehässiges Gepolter, dann sich entmutigt entfernende Gespräche, zum letzten Male Glassplitter auf grobem Holz zermahlende Schritte und endlich wieder die Ruhe.

Doch plötzlich ergreift mich in meinem vorübergehenden Versteck überraschend sanft eine riesenstarke Hand von hinten an der gebeugten Schulter und führt mich mit zuvorkommend sorgsamer Vorsicht oder in hinterlistig behutsamer Absicht, jedenfalls aber ohne weitergehenden Kommentar oder irgendeinen Ansatz der Widersetzung meinerseits, hinab, tiefer in den dunklen Schacht. Bereitwillig und willenlos lasse ich mich führen, immer weiter hinunter, tiefer und tiefer in den finsteren Bau. Schier endlose Stufen, reichlich lehmschiefe Windungen und recht enge Gänge entlang, allseits umgeben vom Geruch frischen Moders, kalter Erde und immerfeuchten Gesteins. War dies nun der Gang in mein endgültiges Grab oder derjenige zum Ort meiner letztgültigen Wiedergeburt? Ende oder Wende, wo aller Tage Lichter so unglaublich fern?

(November 2011)

Lichtblick

Sieh doch, da!
Doch da, ich sah!
Und wie ich's sah,
da sah ich doch
und sah wohl da:
es waren ja wahre Welten
von Blut und mit Honig
voll Milch und viel Ehre
von sich sichtlich Suchenden
im Sinn und unersichtlich
sinniger Suche nach
Sinnen im Sein und
dem Seienden
selbst im Sinne

wie hell's drum wohl wär
wenn und wo von
Unsinn so viel nicht war
und Freisein wär wahr da-
her im Lichte zwar dunkel
und dunkel alldaher
auch jedes einzelne Licht
vor allzu vieler Lichter
grellblendendem Scheine

Endstation Alltag

Wirr, sehr hintergründig, wiewohl vornehmlich gerade auch ziemlich vorsätzlich angewidert von mir selbst und mehr noch der übrigen Welt, hatte ich mich ohne lange zu zögern in die ansonsten oftmals so hocheffektiv verschmähte Alltagsrealität geflüchtet aus halbwachen Träumen, in denen die unersättliche Gier vielfach vereinzelter Eitelkeiten ihren schauderhaft schmierigen Auftritt in der ältlich vagabundierenden Gestalt vor fröhlichem Vergessen krankhaft sabbernder Greise gehabt hatte, die mit unerwartet geschickter Hand, schamlos schnellem Finger und einem von der unverkrampften Ehrlichkeit ihres krampfhaften Verlangens pathetisch verzerrten wie geisterhaft starrgewordenen Grinsen wildentschlossen willenlos an einigen in ihrer entsetzlich tiefgehenden Angst doch so unschuldigen Kindern wie ungeheuerlich zu manipulieren angehoben hatten, ohne dabei in ihrem von unermesslicher Scham maßlos befleckten Habenwollen auch nur eine entfernte Vorstellung von irgendeinem Ende vor den zusehends verschlossenen Augen zu haben; und all dies an sich schon so unglaublich unglaubwürdige Geschehen war darüber wie rundherum zutiefst eingängig begleitet von der verdächtig behutsam erklingenden Nostalgie einer hinterrücks leise und verblichen gehenden Leierkastenmusik, welche mittels der einhellig verstimmten Polyphonie aus der Endlosschleife ihrer abertausendfach verbrauchten Tonfolgen inmitten einer ansonsten trostlos trist bis monoton bunt berauschenden Szenerie irgendwo im bei klarem Verstand unklassifizierbaren Raum zwischen Kinderzirkus, Streichelzoo und Friedhofsvorplatz einen auf grausig zauberhafte Weise allesumfassenden Karneval in diesem so scheußlich allgegenwärtig fortwährenden Holocaust heraufzubeschwören suchte, eine beängstigend fröhliche Mischung aus Volksfest und Massenbegräbnis, zwanghaft übertriebenes Leben über dem in gespenstischer Leichtigkeit ein weltvergessenes Gelächter lag wie tieftrauriges Schluchzen – ganz so, als wär' geradeeben erst ein richtig großer Krieg nach unergiebigem Kampfe, in langer Schlacht und mit unerbittlich langwierigem Schlachten endgültig wie für alle daran Beteiligten gleichermaßen vollumfänglich verloren gegangen und jedermann feiere nun in den wie ob all der ungewiss vorherrschenden Aussichtslosigkeiten zusammen mit all den anderen Übriggebliebenen, bisherige Kamerad- oder Feindschaft einerlei, ein so grenzen- wie gewissenloses Fest, auf dessen weitläufig mit halbangetrocknetem Blut beschmiertem wie von altgewachsenem Hass und wiederentdeckten Freuden galant bereitetem Parkett in Anbetracht des demnächst unweigerlich heraufziehenden gemeinsamen Untergangs zu einem allerletzten Tänzchen aufgerufen ward, in dessen von spätpubertärem Übermut wie wahrlich asozialem Freiheitsdrang arrhythmisch tollkühn begleitetem Wirbeln und Drehen und Gleiten und Wehen dem unabwendbar jähen Ende eines jeden Glücks wie aller Ängste hoffnungsfrei huldigend eine zukunftsvergessen aufschreiende Offenheit für alles Erdenkliche und weit mehr noch auf die unsäglichste Weise eben dadurch so überaus innig zelebriert wurde, dass die Leute sehr viel mehr als bloß ein wenig beherzt und dazu reichlich verwegen wie wild übereinander herzogen, ganz als ob nun ein jeder von ihnen zum aufrichtigen Ausleben seiner ärgsten Bedürfnisse nicht nur berufen, sondern erst recht gefordert sei, und er dabei bereits im Vornherein ebenso augenscheinlich von jeglicher womöglich neuaufkommenden Schuld freigesprochen wie alle einmal begangenen – doch nun freilich lange schon vergangenen – Sünden unumwunden umstandslos vergeben, da wohl seit geraumer Zeit schon das einzig Gute gleich allem Bösen in dieser Welt unwiederbringlich seine allein im Einklang mit den einstmals ursprüngliche Ordnungen stiftenden Schemen denkbare wie handlungsleitende Bedeutung vollends verwirkt zu haben schien; alles in allem jedenfalls ein wahrlich wahnhaft berauschend heilloses Durch- und Durcheinander – bis an sein unbedachtes Erwachen.

Hier und jetzt, also vielmehr in der weiten Welt dort draußen, war dagegen von ausufernden Träumereien, großen Kriegen und schmerzlichen Niederlagen wie von öffentlichen Exzessen oder heimlichen Exorzismen bekanntermaßen nicht gerade viel zu spüren und weitaus weniger noch zu sehen. Dafür war es allerdings noch immer äußerst verregnet und viel zu kalt für einen Mai, denn über dem andauernd frischfeuchten Grün hatte sich schon seit längerem keine echte Sonne mehr durch die immerzu tief- wie festhängende Himmelsdecke aus einem spielerisch selbstverliebt in all seinen farblosen Facetten aufgehenden Grau gewagt. Doch selbst dieses trübsinnig vor sich hin rieselnde Schauspiel der melancholischen Monotonie eines unaufhörlich einhaltlosen Niedergangs bereitete ja höchstwahrscheinlich im rechten Lichte besehen wiederum seinerseits jeder künftig ungetrübt möglichen Entwicklung irgendeinen fruchtbaren Boden. Von alledem, was nun hier im himmelverbergenden Gewölk einen metametaphorisch geradezu beeindruckenden Ausdruck gefunden, weitestgehend unbehelligt zwitscherten nämlich die vielen Vögel im permanenten Frühlingschor dieser fortwährend halbdämmernden Betrübnis und das jeglicher gutbürgerlichen Erwartung feinsäuberlichst mit bürokratisch-industrieller Akribie entsprechende Verfallsdatum meines Frühstücksjoghurts wies auf den baldigen Geburtstag meines Vaters hin, der vor guten zehn Jahren unziemlich selbstverschuldet – und damit in gewissem Sinne auch recht freimütig – verstorben war. Nebenbei hatte ich derweil wie üblich damit begonnen, meiner mich in ihrer maßlos liebevollen Gier mit kaum verborgen zweckmäßiger Zielstrebigkeit bereitwillig umschmeichelnden Katze das Futter zu bereiten, woraufhin sie aufgehend in schnurrender Selbstzufriedenheit mit bester Gewohnheit dem hastig hinunterschlingenden Verzehr dieses immergleichen Mahls sich wohlwollend zugewandt hatte – und mir damit den schöngemusterten Rücken.

Für mich nämlich war es nun, wie jeden dieser allzu gewöhnlichen Tage, zunächst daran gelegen, all dem halben Denken und haltlosen Träumen, dem ganzen Wägen und verlegenen Wagen, jeder andersgehenden Erwägung gleich dem zielstrebigsten Wagnis zum Zwecke einer generell für allgemein erachteten Funktionalität zu entsagen, um der so ermüdeten wie ermüdenden Pflicht meiner faszinierend sinnfernen Aufgabe nachzukommen, meiner von der bloßen Beschäftigung zur reinen Ablenkung verkommenen Berufung. Dazu war zuallererst in unbequemer Routine nach dem Bahnhof zu gelangen, sich folgerichtig einen Weg durch den Verkehr zu bahnen als einer unter vielen, doch keineswegs wie einer von allen.

Dort daher allen energischen Behinderungen zum Trotz wieder einmal unerfindlicherweise überpünktlich angekommen, fand ich alles trüb im künstlichen Lichte auf gewohnt quirlig-anonyme Weise vor sich hingehen: sphärisch ferne Stimmen mit der ihnen eigenen parasympathischen Mechanik eine unabänderlich falsche Ordnung vorgebend; die armseligen Individualkörper in der großen Masse zum bloßen Träger kommunikationsfreier systemischer Informationsfetzen verkommen, schattengleich und arg gebeugt nach ihrer vorgeblichen Bestimmung hinweghuschend; nirgendwo mehr echte Augen, so gut wie keine Gesichter und weniger noch ein Ausdruck vom Wahren auf denselben; nur massenhaft Waren an denselben wie Masken, unbewegte und unbewegliche Schutz- und Sturmmasken, auf denen weder Hoffnung noch Ziele und Erwartung oder zumindest irgendeine Form eines Wartens zu erkennen war; einzig leere, unmotivierte Beweger ihrer pseudophysischen Hüllen, welche bis zum Rand des Erträglichen überfrachtet mit den ihnen so offensichtlich widerwillig zugesprochenen soziokulturellen Erfordernissen und unzumutbar systemkonformen Funktionalismen wie den ihnen darüber unabdingbar zugewiesenen Rollen schwerlich noch zu ertragen waren, obschon sie freilich selbst am allerschwersten daran zu tragen hatten.

Sie konnten ja schließlich auch nichts dafür, waren gleich mir Getriebene und Opfer, gar Sklaven einer mithin unerbittlich effizienzheischenden Systematik, die zu allem Überdruss auch noch dazu angehoben hatte, sich von den eine eigene Anteilnahme einfordernden

Zusprüchen all der derart Bedrängten und Genötigten loszusagen wie von diesen selbst, sich also in ungewissem Sinne gegenüber ihren eigentlichen Urhebern zu verselbständigen und auf diese höchst absonderliche Weise eine eigentümliche Art von bisweilen universell anmutender Autonomie zu erlangen, die näher zu beschreiben wohl weit mehr als nur jeglichen Rahmen sprengen würde, wie sie ja wohl selbst am allerbesten zu berichten wüsste, wenn ihr auch bloß einmal daran gelegen wäre; in jedem Fall waren all diese Armen, abermals ganz gleich mir selbst, längst schon vertrieben aus der holden Heimstatt unerfüllbar schöner Hoffnungen einer einstmals allzu verheißungsvollen Kindheit und daraufhin zumindest einigermaßen grenzenlosen Jugend. Schlimm war es, all das wahrzunehmen und so zu beobachten, schlimmer noch, es so lange auch schon zu sehen, es einzusehen, es zu durchschauen und zu verstehen zu glauben und dennoch doch so wenig dagegen unternehmen zu können, ohne gleich Verwirrung, Aufdringlichkeit oder Abwehr anstatt wie gewünscht Unterstützung, Mitleid und Verständnis vermuten zu lassen; ein mitfühlender Schmerz überwog jedenfalls meinerseits jede besserwissende Erkenntnis bei weitem und mit jedem Male mehr.

Ich nahm also mit leisem Seufzen, vertraut wehen Herzens wie ziemlich üblich bedrängt von meinen recht beengt ausufernden wie uferlos beengenden Gedanken Platz im vorübergehenden zivilisatorischen Hafen einer überdachten Bank an meinem Bahnsteig, ließ dabei den einer vereinzelt anerkannten Privatheit normalerweise zugestandenen Mindestabstand, wie er sozial wohl erwünscht oder zumindest erwartet war, zu dem dort schon anzugfertig frisch, ziellos ernsthaft dreinschauend und vorbildlich glattgescheitelt da Sitzenden aus reinem Respekt gegenüber dessen sphärischem Zuvorkommen nicht vermissen, um so gleichsam jedweder misslichen Irritation oder missverständlicherweise aufkommenden Provokation zuvorzukommen und somit etwaige Ungebührlichkeiten bereits im Vornherein umstandslos zu vermeiden. Ich blickte daher gleich ihm vor mich hin in die hektisch schöne Sinnfreiheit eines spätmodernen Dienstagmorgens, wohlwissend, dass nun gleichwie auch immer planmäßig der Schnellzug eilends vorbeisausen würde, diese ganze Szenerie kurz und aufbrausend mit seiner elegant technifizierten Plastik wie pfeifend vor lauter insgeheim bis fast ins Teleologische reichender unilinearer Arroganz zu beleben, um sodann zügig meinem eigenen instrumentalisierten Beförderungsanspruch freies Geleis zu gewähren.

Der pflichtbedacht wohlfrisierte Nebenmann erhob sich bereits zusammen mit der ihn angemessen mildumwehenden Aura eines galantduftenden Wölkchens in seinem einem kaufmännischen Kosmopolitismus anzüglich dufte entsprechenden Kostüme, was auch mich, langsam doch beharrlich auftauend aus den so kühlen wie kühnen Tiefen meiner höchstwidersprüchlicherweise ach so selbstbezüglichen Weltvergessenheit, mit dem praktisch ohne Weiteres einleuchtenden Gedanke spielen machte, nun selbst aufzustehen. Pünktlich verpuffte dann in vorüberzischenden Wellen wie mit hastig davonjagend verschwommener Optik der Durchfahrende aus der halbgrauen Realität, woraufhin auch ich in kurzzeitig wachgerüttelter Erwartung meines baldigen Einsteigendürfens mich mit trotzig abflauendem Widerwillen endgültig erhob.

Da war auch schon der ankommende Zug deutlich in seinem einfahrenden Heranrollen zu erkennen, als mein bis dahin halbschläfrig allesverachtender Blick ungläubig am einheitlich mit kiesigen Rechtecken gemusterten Gleisbett zu meinen ihrem sicheren Stand nun plötzlich doch ziemlich ungewissen Füßen haften blieb: es lag dort nämlich gänzlich unverblümt in grob zerschnittenem Anzug mein kürzlicher Banknachbar auf seinem gekrümmten Rücken und zwischen den Schienen und auch noch ein mehr oder minder gutes Stück weit daneben. Einen endlosen Augenblick lang sah ich dann alle Vernunft wie jeglichen Wahnsinn des Menschseins aus seinen so unaufhörlich erschrocken, wiewohl endlich erlöst gegen nichts mehr als die Unendlichkeit hin geweiteten Augen sprechen, eine einspruchsfreie Anklage wider die Ewigkeit auf den schmerzverzerrten Lippen führend, bevor der anhaltende Zug, den zu besteigen ich ja eigentlich hierhergekommen war, in elend sich verlangsamendem Kreischen mich zurück in diese allzu unglaubwürdige Wirklichkeit einbremste und sogleich wie für immer den Blick auf diesen letztlich so beflissen aufrichtigen Wanderarbeiter am Ende seines gewissenhaft unfrohen Schaffens Weges versperrte.

Ich nahm wieder Platz auf der Bank, saß dort lang und alleine neben der achtlos umgekippten Ledertasche meines unverhofft davongegangenen Sitznachbarn, welche ich eine gute Weile kaum bemerkt hatte, und dachte, wie ich einfach nur so dasaß, weder an mich noch an meine Verpflichtungen oder das Leben, Gott und die Welt, saß bloß da und sah nicht einmal die ernsthaft auf diese maximale kulturelle Irritation hin – eine offensichtlich höchstoffizielle Selbstaufgabe eines seinem offenbaren Anschein nach doch sehr wahrscheinlich gesamtgesellschaftlich ziemlich Wohlanerkannten – energisch inszenierte Aufbietung des wohlerprobten Schauspiels der spontanen Katastrophe und sozialen Tragödie sich vor mir zutragen, obschon dies bei all der sogleich aufkommenden Aufregung mit beschämend triebhafter Schaulust und ehrlich eiferndem Entsetzen, mit blau sich blau um sich herumdrehenden Lichtern und hellauf heulenden Sirenen, mit vergeblicher Erstversorgung, mitleidig trauernder Umsorgung, achtsamer Entsorgung und langsam weichender Besorgnis, letztem Geleit und nachträglicher Spurensicherung, mit Vermessungen und Vernehmungen wie mit Vermessenheit, Benommenheit, weitergehenden bürokratischen Notwendigkeiten und allerlei sonstig bedeutungsheischendem Gehabe sicherlich seine gute Zeit in Anspruch genommen haben mochte.

Als ich dann, nachdem die unerquickliche Rolle des teilnahmslosen Beobachters auch ihren letzten kleinen Kitzel eingebüßt hatte, über unbewusste Umwege wieder irgendwie nach Hause gelangt bin, war es bereits Nacht geworden und ich, ahnungslos, wo dieser überaus bemerkenswerte Tag geblieben, legte mich, ohne ein Licht anzutun oder mich meiner Kleider zu entledigen, zu Bett und lag da mit geschlossenen Augen – oder vielleicht auch mit offenen, wer kann das schon in der vollkommenen Dunkelheit mit der Zeit noch gewissenhaft bezeugen –, doch ohne zu schlafen und ohne zu denken, bis es draußen wieder hell geworden. Dann erhob ich mich unerwartet befreit von jedem Gefühl und ging wie immer sonst auch dem gewohnten Gang eines vermeintlichen Alltags nach, wieder zurück zum Bahnhof, nachdem das leidlich verwöhnte Kätzchen gefüttert; ein verregneter Mittwoch im Mai mit ungerührt buntem Vogelgezwitscher über dem grauverlaufenden Straßenverkehr einer etwas hektisch unterkühlten Stadt; alles um mich vollkommen unverändert normal vor sich hingehend, so bemerkenswert schrecklich schön in seiner unwirklich missverständlichen Begreifbarkeit – und bis auf einen kleinen Strauß verwaister Blumen auf dem mit fein herbeigewehtem Sprühregen zur Genüge bedachten Beton des Bahnsteigs keinerlei Anzeichen eines Frühlings.

(Die besagte Ledertasche hab' ich übrigens an jenem Tage gar ohne viel weiteres Aufhebens und größere Umschweife oder ernsthaft eingängige Gedanken an mich genommen und besitze sie noch immer. Sie befindet sich bis heute ungeöffnet in meinem Schrank, wo ich sie im Dunkel meiner einstmaligen Heimkehr recht unbedarft, vielleicht auch ein wenig zu sorglos und beinahe schon etwas fahrlässig hineingelegt hatte. Schönes Leder, keine Frage, ich hole sie nämlich bisweilen heraus, wenn ich schlecht geträumt habe oder in weithin verblichenen Erinnerungen fast bis an die vollkommene Verirrung herumgeschweift bin, streiche dann kurz und achtsam, ganz vorsichtig mit der flachen Hand darüber wie in scheuen Gedanken zurück zu jenem Morgen in kaltem Mai und grauem Regen, nur um sie sogleich wieder zu verstauen in unerklärlich großem Unverständnis und fraglos fortbestehender Neugierde. Besonders schwer ist sie ja nicht, das Fluchtgepäck einer letzten Reise bewahrend, ein wenig Papierkram vermutlich darin; den allergrößten Teil seiner Last hat er ja damals wahrscheinlich so unversehens wie unverzüglich mit sich genommen.)

(Mai 2010)

Glücksfall

betäubend schön
vom Glück umringt
das uns wohl singt
und sinkend gleich
viel wohler noch
wie so befreiend
flink und eilend
hastig schwungvoll
weiter mit uns
schwingt im Fallen
geradewegs
zum Kern der Wahrheit
triefend tief
sich's ringt herab
und windet weit-
hin auf den Grund
der Dinge ab
und zu-
fällt, auf-
geht, an-
steigt, ab-
hebt und endlich dann
endgültig auch
entschwindet.

oh
aber
herab
wie es
sich lässt
und uns erst
darum so sein
wie nun einmal
wir's wirklich sind
und singt dabei von
Untergehen und Meer
noch so viel viel mehr als
wie wenn Wind und Wellen
folgen in beständ'ger Böen hoch-
tobender Brandungswut wie wild und
ach so wehe aufgewühltem Wogen immer
im Meer fort der langen Zeiten- gleichwie auch
gerade wohl der vielen Weltenstürme dauerstetem Weiter-
strömen nach vorn und stetig weiter übers All
wie sonst rein gar nichts hin-
weg und doch dabei
so kläglich gehen und weh-
klagend folglich sich verlieren
völlig in wie noch so vielmehr um und um und außer sich
bei all der rauwehenden Stürme
gröblich angeregtem Toben
wo allein eins noch ruhet allezeit gleich dem einen allerletzten Mittel-
punkt der Dinge

in sich und all seiner Alleinheit sanft wie nichts
doch ach wie leider
jammerschade
beinah vollends unerkannt.

wie nun aber wir daher
in wie zu und bei alledem
an- gleich ein- wie umsichtig
durch- sowie auch über-
aus sind ja wohl geworden
nur mehr wir uns nun dürfen
dürftig dürstend heißen
und trinken darum
halt noch hastig winkend
und zitternd auch schon
letzte Tröpfchen aus
von doppelt hohler Hände
löchern leerer Schalung zart-
und weichgeformtem Hungerkelche
doch was uns Wasser
scheint zunächst nur
wirklich ist viel meer-
salzen schon und
schwer an tränennasser Angst
vor dem einen Ungewissen:
Abschied.

und dann noch eh
der letzte Schluck
zu End getan
in einem wohl
so wehen Augen-

blicke als all das All
um uns mit endlos willens-
bebend starken Kräften
anhebt auf-
und abzuheben
in und um gleichwie zu seinem
letztgültig herrlich groß finalen
Schweben zwischen sich
und allem nichts mehr
wieder um endlich sich
zurückzunehmen
was dereinst so voll
und völlig frei-
wie noch mehr über-
mütigst ward gegeben
in einem abgöttisch
wilden Sehnen wie mit
sehnend sehnlichst sehnsuchts-
vollbewegtem Streben:
Leben.

Um Wege zum Glück

Wie kommt es, dass wir uns im immerzu himmelweitruhenden Angesicht der Sterne auf eine unheimlich übernatürlich anmutende Weise an ein Zuhause erinnert fühlen und wissen? Weshalb glauben wir also und meinen bisweilen mit unfehlbarer Gewissheit nach unser aller Herkunft zurückzuschauen, wie unser Auge weithin durch sternklare Nächte streifend keinen anderen Grund mehr findet hinter dem endlosen Dunkel inmitten der Unzahl aller so zauberhaft fernscheinender Lichter? Warum erachten wir es als folgerichtig untrüglich, unsere Heimat zu betrachten, wenn unser sehnsuchtsvoll suchender Blick tief in einen nächtlichen Sternenhimmel hinabfällt, in seiner unendlich undurchdringlichen Klarheit versinkt und ebendort gar keinen anderen Gedanken mehr zulässt, außer den an Heimat?

Ist dem nur so, weil uns all dies ganz offensichtlich verbindet mit all dem, was ausnahmslos jedem Menschen gleich allen übrigen Wesenheiten als ewige Erscheinung und strahlendes Machwerk göttlichen Ursprungs so wundervoll und ohne jegliches Bedürfnis nach irgendeiner weitergehenden Erklärung gegenübersteht, als Geburtsraum der Unendlichkeit und Inbegriff des Ewigen, als deren Hort und Heimstatt, und weil es überdies eine maximale Distanz zwischen uns schafft und all dem, was uns jetzt gerade und eben hier umgibt, dann wie dort häufig allzu konkret betrifft und auf solch substanzielle Weise unausweichlich anbelangt, dass wir ansonsten nicht einmal unter den entferntest erdenklichen Umständen umhinkämen, uns nicht ununterbrochen mit all jenem sehr eingehend zu befassen, dem wir wiederum nach keiner anderen Manier zu entgehen vermögen, als wenn wir unsere Blicke gleich uns selbst erheben, unendlich weit nach oben, in überhimmlische Höhen, wobei ebendieses ganze Aufsehen natürlich zugleich wie zu guter Letzt noch einen größtmöglichen Abstand zwischen uns und all dem erregt, was unser augenscheinlich gegenwärtiges Ansehen so traurig stimmt, weil wir, wie wir nun einmal sind, wie wir sind, in unserem Hier und Jetzt immerfort eine überwirkliche Art von Spiegel schauen müssen, welcher uns alltäglich wie allseits – jedoch gemeinhin ganz besonders bei Nacht, da er sich ja am Tage im blendenden Lichtschatten unserer gemeinsamen Sonne verbirgt – umgibt, da wir ja in und durch und mit ihm leben und so auch erst wirklich leben können, aber in dessen eintönig buntglänzendem Durcheinander wir ob des ganzen Allerlei unreflektierter Verblendungen und beschämend schattenhafter Betrübnisse schon lange nichts mehr wahrzunehmen vermögen als ermattet widerscheinende Ebenbilder in überdeutlichen Unklarheiten, wo wir doch eigentlich nur ganz ehrlich aufzusehen bräuchten, um in der mithin reichlich komischen kosmischen Reflexion des ewig uns groß überwölbenden Dunkel- und Licht- und Spiegelbildes allzu anschaulich und so plastisch erleuchtet uns selbst erfahren und erkennen zu können und uns in der Welt und darüber uns allein und darunter die Welt darunter und darüber unendlich zu verstehen beginnen:

Den Wenigen unter den vielen Armen Verbliebenen, denen bei ihrem verlorenen Treiben in den unbedarft teilnahmslos umhergetriebenen Massen ein kleiner Rest an frohem Mute und guter Hoffnung ob all der Widrigkeiten ihres schmerzhaft wissentlichen Erlebens noch nicht gänzlich abhandengekommen ist, all ihnen sieht man die allumfassend unumkehrbare Verzweiflung ebenso unwahrscheinlich deutlich an wie ihr wehmütiges Elend und den freudlos verzagten Schwermut gleich den wohlbegründet wirren Verirrungen und unwohl herumirrenden Verwirrungen ihrer so unendlich aussichtsfreien Befindlichkeiten, wie sie bezeichnend tief gezeichnet von ihren so vielfältigen wie letzten Endes freilich immerzu zweifelsfrei vergeblichen Ausbruchsversuchen erschöpft und verausgabt und schlussendlich doch hingebungsvoll ergeben einem weiteren – nämlich ihrem unvermeidlich weitergehenden – Schicksal harren, getragen einzig noch wie milde belebt von einer lau sie umwehenden Hoffnung auf eine unvorstellbar weitentfernte Erlösung in unnahbarer Ferne.

So traurig oder begeisternd, so irritierend oder inspirierend, so offensichtlich unverständlich, unverschämt beschämend, schamlos unbesonnen, absolut albern, wohlwollend irrwitzig und übervernünftig stumpfsinnig oder auf groteske Weise erheiternd und zynischerweise belebend es auch immer sein mag, sie in ihrem unfreiwillig überexhibitionistischen Aufbegehren wider die Unmengen an Unmöglichkeiten zu beobachten, diesem selbstvergessenen Eigensinn beizuwohnen und zuzusehen, wie sie in ihrem radikal entwurzelten Aufbäumen aus der reinen Sinnfreiheit einen Übersinn zu gebären immer wieder aufrichtigst versucht sind, so wird und kann gleichsam niemand wahrlich davon unberührt und unbekümmert bleiben, der nur einmal die Welt sehenden Auges durchschritten und dabei noch ein bisschen ehrlich war mit sich selbst wie alldem gegenüber, was er dabei wohl erfahren, gefühlt und verstanden geglaubt. Und mag man ebendiesen Wenigen unter den Vielen noch übriggebliebenen Armen daraufhin auch nach bestem Wissen wie im reinsten Gewissen zusprechen, ihnen das offenbar vorsätzlich begangene selbstmörderische Betreiben endlich auszutreiben und eindringlichst auszureden, so wird ebendies ihnen künftig schlicht als eine weitere Ausrede dienen und es wird sie bloß noch weiter dazu verleiten, zu entgleiten, sie noch mehr antreiben, abzutreiben, wie sie glauben, nicht verstehen zu können, und sich zugleich mehr als nur ein kleines Wenig unverstanden wissen angesichts der bei allem ohnehin unumstößlichen Gewissheit eines unaufhörlich duldsamen Todes. In jedem Fall machen sie weiter, unbeirrt und mitunter entschiedener denn je; wie könnten sie auch anders? Wie bloß könnten sie denn anders tun noch sein oder werden?

Sie können es nämlich einfach nicht sein lassen, das Namenlose in, an und um sich zu fassen, es zu erreichen zu begehren, also nicht das Sein lassen, sondern es eben dabei zu belassen, wie es ist und sein nur kann und nicht fortwährend ebendem zu entkommen anzustreben oder in ebenjenem ein Auskommen zu suchen, was vielleicht wäre wenn und wie's drum mal sein könnte. Stattdessen wie alldem zum

Trotz oder ebengerade deswegen gilt es alldarum selbst wahrhaftig zu sein und wirklich zu werden: totale Transzendenz und absolute Selbstverwirklichung, beides zusammen und fortweg zugleich, Hier und Jetzt, Ich und das Ganze, zu mir und für mich die Welt in mir, sofort und auf ewig, nimmer nichts nirgendwo, alles immer allerorten und auch mal nur so ein bisschen für zwischendurch zum Zeit-Vertreib und Raum-Gewinn, weil eben solch ein Selbst-Erhalt, ja der begreift sich selbst am allerbesten und gibt erst wahren Sinn dem Sinn, wo doch eine jede tatsächliche Verwirklichung des Selbst eigentlich in der eigenen Transzendierung begründet wie bedingt und schließlich auch beschlossen zu sein hat, indem nämlich gleichsam die endgültige Auflösung zur höchsten unter den wahrnehmbaren Aufgaben erklärt wird: sich aufgeben, um sich zu lösen, sich aufzulösen, um zu sein, ein Wesen zu sein, um gewesen zu sein und seine Vollendung in ebenderen vollendeter Überwindung zu wissen glauben.

Hört sich doch alles soweit ganz recht an, wirr zwar ein wenig, mag durchaus wohl sein, doch gut ja vor allem und schön auch so sehr, lässt sich zumindest in sphärisch abgehobenen Gedanken grob erahnen und in die verklärte Nähe einer verhoben entrückten Erkenntnis bedenken wie mit sehnsuchtsvoll pochendem Herzen nachfühlen, wobei in diesem überweiten Bezugsrahmen die beinahe gleichgültig hintergründig wirkende Vergeblichkeit mehr Anreiz und Antrieb zu bieten scheint denn Hemmnis oder Abschreckung, wie sie's wohl auch ist. Das Unmögliche kann wiederum daher keinen echten Schrecken mehr bedeuten, sobald es Gewissheit geworden, zumal, wenn es in Anbetracht all der handfesten Unbegreiflichkeiten und unerfindlichen Befindlichkeiten sowieso zumindest irgendwas zu schaffen gilt und die eigentliche Berufung ihrem wahrhaft wohlig wahnhaften Anschein nach endlich ebendarin ihren wesentlichen Bestand zu haben wie zu entfalten vorgibt, die höchste Erfüllung in der Akzeptanz der außerordentlichen Bedeutung der eigenen Bedeutungslosigkeit zu erkennen und ebenderen andauernde Verwirklichung in absolut beständiger Nichtigkeit anzunehmen wie anzuerkennen, also zu wissen, zu spüren, geschehen und vergehen zu machen, zu lassen und besonders zu sein – und es zugleich wie auf immer bei allem und nichts zu belassen. Jeder ist daher allermaßen und weit noch darüber sein eigener Gott wie sein größtmöglicher Götze, sein Schöpfer und seine Welt wie deren jeweiliger Untergang, alles irgend Mögliche, dessen erste Bedingung und seine äußersten Grenzen, ein Nichts außer allem mit jedwedem Potential nach allüberall hin.

Weder aber streben sie – oder sagen wir von nun an doch lieber endlich und ehrlicherweise Wir – in all diesem häufig so unsteten Zutun aufrichtig und bewusst nach einer Art von Vervollkommnung, noch ist all dies jedoch auch nur als eine reine Gedankenflucht abzutun oder bloß eine wohlweislich aussichtsfrei versuchte Ablenkung von ebenderen im Prinzip jeweils vollkommen gegebener Unmöglichkeit: wir wollen nämlich das Ganze einzig erfahren, von allem und nichts über uns, die periphere Perfektion von Vollendung und Allmacht gleich absolut nichtiger Belanglosigkeit, bedingungslos zugleich und zusammen, in einem und in allem wie vor allen Dingen in der vage während Hoffnung, doch ohne jeglichen belastbaren Anspruch darauf, stetig voranzukommen und dabei noch mit alldem irgendwie fertigzuwerden, obschon wir genau in der Überwindung dieser andauernd restlos totalkonfrontativen Spannungen und in ihrem Innersten äußerst widersprüchlichen Unmöglichkeiten unsere gewissermaßen selbstgesetzte Bestimmung zu wissen glauben. Doch wir können dieses letzte Ziel eben nur dadurch erreichen, indem wir vergehen oder gehen lassen oder, anders herumformuliert, sobald wir dieses Ziel, von dem wir – und welches wir ja so gern – annehmen, es sei das Unsere, wirklich erreicht haben, sind wir unabänderlich gewesen, in unserer Bestimmung aufgegangen und für sie untergegangen als höchstehrwürdige Opfer im Sein, gewesene Günstlinge von Zeit und von Raum, ergiebigst ergeben und ausgiebig vollendet zwischen einem All und all seinem Nichts.

Aber geht es denn bei allem nun wie auch immer schlechthin darum? Nur um das einzig Unausweichliche also? Nur darum, das hinzunehmen, wogegen aufzulehnen letztendlich weder Sinn und Zweck noch überhaupt irgendein ausformulierbares und danach zumindest schrittweise verfolgbares Ziel hat? Sind wir denn entgegen solch zielstrebig planvollen Unvermeidbarkeiten nicht vielmehr ein Verlauf und Vergehen, ein zwar recht kurzer, aber ebenso unverzichtbarer Abschnitt eines seinem Wesen nach unendlich langen Weges, an dessen unumgänglichem Ende und gleichzeitigem Anfang sich das Göttliche andauernd begegnet, berührt, beglückt und begründet wie erfindet, verleugnet, verteufelt, bestreitet, vergisst und ständig wiedererkennt und alles einig wird mit sich und in sich und für sich und um sich mit der Welt wie mit und in allem und nichts mehr sonst? Sind wir also und daher nicht schon selbst recht unendlich, wenn auch als ein noch so verschwindend kleiner Teil der gesamten Ewigkeit? Doch wieso und wozu sollten wir dann überhaupt noch handeln, fühlen, denken und weitersein, wenn's doch alles sowieso im Unbestimmten gewiss sein einiges wie wohl einzig unhintergehbar vorbestimmtes Ziel hat und haben nur kann gleich der letzten, der ersten und der allerbesten Möglichkeit? Wo aber lägen dann noch Einflüsse und Ausgänge für all die ohnehin so Dahingehenden? Wo, wenn nicht in unwegsamen Irrwegen in uns oder auf verwegenen Umwegen um uns herum, wodurch natürlich wiederum dem Verlaufen und dem Vergehen entgegen all den universell herbeifließenden wie teleologisch hinfortströmenden Zielstrebigkeiten ein ziemlicher und froher wie hoher Sinn als auch ein unverkennbar großmütiger Zweck zukäme?

Wir glauben nämlich unumkehrbar, von hier weg zu müssen, ohne auch nur annäherungsweise ahnen zu können, wohin, wo wir doch zugleich hier zu bleiben wissen, obschon hier nicht wahrhaft sein man kann. Doch kann man's sein denn überhaupt, in irgendeiner Wahrheit? Wir sind nun also hier, um zu sein, und wollen in Wahrheit weg, um sein zu können, glauben wir und wissen doch, wie es möglichst viel und lange hier in Erfahrung zu bringen gilt und zur selbigen zu machen. Wir wissen, dass wir letztendlich von hier weg müssen und wollen doch mit so viel Kraft an das Hier und an das Jetzt und vor allen Dingen an das Ich glauben, um überhaupt erst hier und Ich und so vor allen Dingen sein zu können: Wieviel wir doch glauben müssen, um nicht wissen zu können! Wieviel wir doch glauben können, um nicht wissen zu müssen! Ist einer wissend also frei von Glaube nur und gläubig einzig unwissend? Und reicht uns deshalb bereits eine Suche nach der Suche, solange nur wir es sind, die sich also, darum und daher suchend heißen dürfen und auf solch einer Suche sich begreifen und ebendeshalb vermutlich auch schon irgendeiner ziemlich vorgeblichen – oder reichlich vergeblichen – Form des Findens ganz nah?

So leben wir eben und sind, geeint vor allem in einem hintergründig allgegenwärtigen Schmerz der Trennung von unserem tatsächlichen Selbst wie vom wahrhaftigen Sein, in einer vordergründig unvorstellbar vollkommenen Wirklichkeit. Und was uns trennt und hemmt und hindert, was uns leiden, trauern, zweifeln, schaudern, Schrecken, Sorgen, schlaflos macht und noch so viel mehr, scheint uns die Welt um uns mit ihren anmaßenden Ansprüchen und so unumgänglich vergeudeten wie fortlaufend weitervergehenden Versprechungen. Wir sind insofern nicht einmal unmittelbar verlorene Kinder, wir sind vielmehr die Kinder einer unvermittelt verloren erscheinenden Welt. Allein unser stetes Bemühen, unser fortlaufendes, wenn freilich letzten Endes auch ziemlich zweckfrei anrennendes Versuchen, sich zumindest für die höchstvergängliche Ewigkeit eines tief in seiner berauschend langen Kürze hellaufblitzenden Moments aus dem Elend der biederen Gewöhnlichkeiten hinauszukatapultieren in die so hohen wie heiligen Sphären einer hoffnungstrunken erahnbaren Freiheit, die in ihrer ach so dünnen wie von unbezwingbaren inneren Widersprüchlichkeiten und überwältigendem äußeren Druck beständig bis knapp an ihr außerweltliches Zerreißen gespannten Atmosphäre aus vom aufschäumenden Übermut eines gegenwartsvergessenen Augenblicks zart berieselten Behagens gewollt gefühlter Geborgenheiten lebensbedrohlich schmerzend nah an den steten Selbstbetrug einer gemeinen Alltäglichkeit heranreicht, womit zumeist der aufregend ermüdende Kreis sich auch einmütig geschlossen hat schon wieder und leidlich vergeht, dreht sich zwar noch ein bisschen weiter und kreist also wohl um sich selbst in bedingungsloser Ermangelung anderweitiger Auswege oder andersgehender Fortschritte, doch eben nicht sehr viel mehr.

Und wie eine jede dieser unvergleichlichen Runden um das selbst für uns unerreichbare Gravitationszentrum unserer Hoffnungen und einen Ursprünge in einem unbeschreiblich überwirklichen Maße Bestätigung, Bestärkung, Gewissheit und Orientierung uns spendet, so enttäuschen, ermatten, verbittern, entkräften und verausgaben sie auch und zugleich wie im selbigen Maße; so ergeben und verbrauchen, begeben und missbrauchen sich des Lebens beste Energien auf derlei erfahrungsheischenden Umwegen selbst und einzig in der verheißungsvoll gleichmütigen Variation ihrer kreisend praktizierten Ausführung besteht mit der wie für die und erst recht über die Zeit – aber manchmal auch ganz offen wider dieselbe – noch ein Anreiz, es doch noch einmal und immer wieder aufs Neue auf sich zu nehmen.

Die Pfade nämlich, welche wir auf unserem leichthin beschwerlichen Wege zu solch kurzem und kleinem, bereits in seinem höchst fragwürdigen Entstehen schon wieder beinah' vergangenem und letzten Endes immerzu zu einem elenden Scheitern berufenem Glück vorläufig häufig so hoffnungsfroh beschreiten, wiewohl doch letztlich zuallermeist vollends vergeblich begehen, sind gleich den von uns zu ebendiesem hehr anmutenden Zwecke so zwanghaft wie zwangsläufig freimütig bemühten Mitteln ohne benennbare Zahl noch wirklich angebrachte oder zumindest irgend angemessen aussprechbare Namen: wir denken und meinen und träumen und weinen, wir reimen in Zeilen und sprechen in Bildern und malen uns darum aus, was sein mag so alles und auch noch wie bunt, wenn dies ach nur so wär' und sich daraufhin das erst begäb'; wir zweifeln dann doch und ziehen vielleicht deshalb alsbald ernstlich in Erwägung, demnächst die nächste Probe aufs Exempel zu wagen, verzagen verwegen, verzweifeln vergebens, verschlafen ein wenig, erwachen verlegen und erleben bezaubert, wie wir uns erheben schließlich ganz scheu und so scheußlich rastlos wie ratlos in Schrecken und Scham und können noch immer nichts sehen oder wahrlich erkennen und schlagen drum ein aus Wut auf uns und die anderen wie in ermüdetem Trübsinn, bespucken mit ätzendem Geifer die Welt, die vor unseren Augen zerfällt, anstatt uns zu gefallen; wir erdichten uns darum darin darauf herum hin ganz eigene Melodien, um selbst danach zu tanzen, verwechseln jedoch alsbald achtlos die Folge der Schritte und beginnen zu laufen, zu rennen, zu spurten, zu stolpern und stürzen, vergehen vergeblich und schöpfen dann doch im Fallen fast wieder so etwas wie Hoffnung und brennen daher schon beim Aufprall vor Leidenschaft einzig und glauben's gar wirklich nun alles zu kennen, benennen's dann jedoch gleich doppelt falsch und verkennen somit im urtypisch fehlerbehafteten Versehen zunächst nur ein wenig uns selbst und schließlich endgültig die Welt, verbrennen deshalb mit der wie für und wider dieselbe und gehen dabei in so etwas unter wie in aufflammender Hoffnung, wo wir ja so glühen vor Glück und sprühen davon im bedächtig aufkeimendem Eifer, so wir säen und sehen auf Gedeih und Verderb, was wird und wie's ist und wer wir dadurch werden, so wir bloß staunen und raunen von braunen Tönen, stöhnen und frönen, verpönen verbissen und meinen zu wissen und ahnen zu glauben, doch rauben dann doch für – oder doch eher gegen – sorgsamst eingeworbene Spenden und nehmen sodann dergestalt schelmisch bestochen mit hämischst gestähltestem Lächeln und um und um offenen Armen, wiewohl auch ein kleinwenig schwerfälligen Herzens, atemlos in jedem Fall, mit vollen Händen die Welt in uns auf mit ach so viel Gier wie voll der Verzweiflung und versuchen darum herum alles, was für möglich wir halten, zu fassen, bekommen aber lediglich zu begreifen, was wir letztlich verdienen und dienen all so bestimmt weiter atemlos in luftleeren Räumen wie wider jeglichen besser besonnenen Willen und ohne an uns selbst auch nur weiter denken zu können, wie's uns bloß immer gelingt zu misslingen, wenn Fragen wir geben so ehrlich als einzig mögliche Antwort auf all die fraglos unbeantwortbare Leere in unserem so gedankenwindig großaufgeblasenen Sein, in dem wir doch wirklich so vieles versuchen: wir suchen es und verstecken uns, wir suchen uns und verstecken es, wir schauen, um gesehen zu werden, und wir sehen über so vieles hinweg, um gar nicht erst schauen zu müssen; besessen und begeistert, beseelt und bedrückt fühlen wir so viel und füllen uns so selbst, die Welt und weit mehr noch mit Sinn und mit Zwecken wie mit enormer Bedeutung und der weiteren Gründe mehr und meditieren darüber sachte – nicht sachlich! – bedachtsam am Grunde des Seins wie am Abgrund jeglicher Welten und beginnen – vielleicht einmal – ganz kurz zu schweben in schwelender Bedenkenlosigkeit und vergessen dabei doch bloß uns selbst allzu gern wie die Zeit mit dem Raum und erinnern uns müde dann und wann nur mehr, doch ach auch so gern, an die phantastische Möglichkeit eines Erwachens ohne Morgen.

Wir sind also ganz ehrlich, bestrebt und möchten möglichst viel und von allem zugleich ein- wie auf- und an uns nehmen, wie wir uns ebenso sehr danach sehnen, Besitz zu ergreifen, um gewiss uns zu werden, wo wir trinken und saugen und schlingen und glauben, weil wir unbedacht gutgläubig schlucken so viel und so schnell hinunter im ausufernden Eifer der überhandnehmend entarteten Not eines tiefen und stillen, wiewohl ja so tiefungestillten Verlangens und uns schließlich sehr bald verschluckt haben am Sinn gar wie heftig und spucken von Sinnen darum und schwitzen dann keuchend vor scharfbrennender Erkenntnis – doch, oh Atemnot, schön, denn wer Luft bedarf, lebe! – und fürchten uns ganz generell vor uns selbst und dem Leben, der lautgrellen Welt und vor allen Dingen vor alldem, was wir doch eigentlich mögen so sehr und verehren noch mehr und von immer auf immer unendlich wie nichts sonst begehren, weil's eben gleich uns alles eh schon vergeht; wir verlangen zu erlangen, gebieten ausgiebigst, verbieten ein bisschen und überbieten uns dabei, wie wir uns biegen, bekriegen, verbiegen und betteln beim Beten, erbeben zitternd vor ehrlich geheuchelter Ehrfurcht und machen uns darum fortan immerzu auf, weiterzukommen und stetig voran, dort ein Entkommen zu suchen, wo sich kein Ausweg je mehr wird zeigen und bauen daher in dieser offenkundigen Notlage einzig auf uns und reißen dabei unbeabsichtigt andere mit und anderes ein und reißen uns auf und bauen's uns ein und nehmen auch her und auf und ab und zu mal was ein, wo wir noch können, und wo wir's nicht mehr können tun, da ritzen wir und spritzen was und schlitzen uns auf und hauen's uns rein, besorgen's uns allselbst gar wie fein, um diese so qualvoll beengenden Grenzen in uns zu sprengen wie um uns herum, und versuchen doch eigentlich nur zu streicheln, ganz zärtlich wie weich und so lieb, wie wir's eben wollen, denn wir wollen's doch und wollen, ganz ehrlich, begehren, verzehren, geehrt auch noch werden, gehörig anerkannt ficken und fressen wie Tiere gottgleich inbrünstig lachen, wenn Schmerzen sich zeigen wie Leid und zugleich bewundern und hassen, was immer wir schaffen und vernichten vor allem, wie wir lieben und betrügen, wir rauchen und rotzen und schnupfen und würgen und kotzen und laben uns notgedrungen am lauwarm schäumenden Brei einer zähen Erkenntnis, die uns jäh aufstößt so sauer zu heimlicher Stund', wenn wir fluchen beim Danken und wollen gleichsam im Wanken dem starrkalten Blicke im Spiegel entgehen, indem wir noch müde versuchen zu scherzen und manchmal gar zwinkernd ein Lächeln bemühen, um ganz alte Wunden zu heilen, aber kratzen stattdessen nur auf halbvergessene Narben im peinlichen Versehen und sitzen allein dann und bluten mit Glück nur ein bisschen, doch reichlich vergebens, bedrückt und vergesslich, betrübt und vergessen, schlummern in kümmerlich kleinlautem Kummer halb fort aus der Welt und wissen doch vor allem anderen all schon so lange – länger so viel noch, als dass wir selber schon sind! –, dass wir praktisch gar nicht können, weder wissen noch tun, nicht sein oder werden, wie wir's drehen und wenden, wie wir's auch immer überdrehen und bisweilen verwenden und wie wir's doch vor allen Dingen allezeit schon zu wollen geglaubt haben mögen.

Kurzum: wir versuchen unentwegt wie wohlbewogen an die in ihrer impliziten Intensität tatsächlich unerreichbare Idee vom Menschen heranzureichen, die ihn als sinnwesentlich generalisierte Verkörperung vom Sein beschreibt und sich auch selbst so zu begreifen gibt, als Sinnenwesen und Wesenheit von Sinnen, ein Wesen vornehmlich bestehend aus und um und im Sinn; wir versuchen die offensichtlich verboten verborgene Universalität dieses wahren Menschen reinen Bildes über die äußersten Widerstände und alle inneren Widersprüchlichkeiten hinweg immerfort einzigartig universell in unserer Welt zu verwirklichen und kommen bei ebenjenem lang- und mühsam vergehenden Wagnis gar so unverhofft wie wesentlich den ihrem hochglänzenden Anschein nach unerreichbaren Sternen so unglaublich nah; zunächst zwar nur, doch immerhin, was ihre allenthalben mehr als halbe Ewigkeiten in beharrlich verinnerlichtem Zauber äußerst betörend befeuerte wie nach allen irgend erdenklichen Möglichkeiten, Formen und Richtungen magische Feuermassen spielerisch speiende Physis anbelangt: wir drehen nämlich gleich unseren himmlischen Brüdern und Schwestern Rund' um Runde um uns selbst, vollenden Kreis um Kreis in dunkelster Unendlichkeit, ziehen dort gleich unseren Gestirnengeschwistern Bahn um Bahn um ein scheinbar unsichtbares wie unerreichtes Zentrum, wo im Bann der enormen Kräfte aller Anbeginne Urgewalten alles zu nichts sich unglaublich hochkonzentriert zerreißend vereint, wie bloß nichts allein aus allem werden kann und schließlich alles nichts wird werden – und ebenso gerade erst recht andersherum, denn ihnen gleich entfernen auch wir uns vom erleuchtenden Moment unseres gemeinsamen Geborenwerdens an immer weiter voneinander, verlieren uns zunehmend in der Erfüllung äußerst langwierig himmelstürmend ausgedehnter Potentiale und werden letzten Endes bewegungslos und für alle anderen unsichtbar in einsamst weit von allseitiger Kälte und Dunkelheit bedingter Bezugs- und Beziehungslosigkeit, treiben endlose Zeiten auseinander im unendlichen Raum, bis dieser mit der anscheinend vergehenden Zeit schließlich selbst auseinanderreißt oder endlich mit ihr in sich zusammenfällt, weil ihn nichts außer nichts mehr zusammenhält.

Nichts ist also alles und die Ewigkeit wird wirklich ein Moment jedweder Unmöglichkeit, wie Raum und Zeit zugleich und zusammen so unendlich universell hintergangen werden. Und um diesem letztlich unausweichlich schönen Ende – wie wundervollen Anbeginn – entgegenzukommen und begegnen zu können, verzehren auch wir uns wie unsere zeitlos und traumgleich im grenzenlosen Raume schwebenden Himmelsbrüder selbst in brennendem Geltungsdrang, in einem so unbegründet grell wie end- und ziellos leuchtenden Beständigkeits- und Bestätigungswahn, im drängenden Wahrheitszwang einer ausnahmslos alles kalt und düster umgebenden Unendlichkeit, in die hineingeboren ein jedes erkenntnis- wie erfahrungsbestrebte Sterben bedingt gleichwie geschuldet ist; und wir vergehen daher zu unserem vermutlich allerhöchsten Glücke – der Erfüllung unserer Bestimmung – an unserem im Innersten gewiss sehnsuchtsvoll glühenden Verlangen zum Sein, das so kraftvoll immerzu strebt nach außen hin und weg gleich einem unermüdlich sich ergießenden Quell und wie ein so tief schon in sich und weit darum selbst noch herum leuchtendes Werden, bis schließlich das frohgemut verausgabte Licht erlischt am lauglimmenden End' seiner Kräfte, vergangen in pflicht-, erfüllungs- wie freudengemäß tapfer geführtem Kampfe – wie wohl zugleich in gleichmütigst beharrlichem Erwarten – wider ein immerduldsames Dunkel, und wir auf einen alleszerreißenden Schlag hin – oder in einem andauernd nichts mehr gebärenden Sog – implodieren, uns in uns wie nichts sonst zurückziehen, ein- und aufgehen wie darin und darum verlieren im All, eine immerfort nach allen möglichen Richtungen wie weit noch darüber hinaus vordringende Schockwelle hinterlassend, die genau dort fortfährt zu wirken, wo und wie wir es aufgehört und sein gelassen haben – und manchmal verbleibt vor lauter unbewältigtem Weltenschmerz und Zeitenkummer auch ein ewig im verlassenen Raum zehrendes Loch, unendlich verstetigtes Begehren, das allen altgedienten Formen Leere gibt und lustdüstern weitersaugt im All, bis nichts als Nichts und nichts mehr ist und allem somit auch ein gänzlich neuer Grund gewährt zum unbedingten Werden. So streben wir, so sterben wir: glanzvoll aufstrahlend lichte Quelle im überhimmelweiten Dunkel, bis selbst das Licht nur dunkel ist mehr im kühlen Angesicht des transzendenten Strahlens endlos unberührbarer Einig- und Unendlichkeiten.

Und so verwandt wir folglich den Sternen schon unserem Wesen nach sind, so verwandt ist auch jede unserer äußersten, brennendsten Hoffnungen einer sich in sich verausgabenden Verzweiflung, wie Licht nichts ohne Schatten ist und also desto heller währt, je tiefer und einsamer es im Finstern liegt: Wieso also glauben oder fühlen wir besser beim Blick in den Sternenhimmel irgendwie nach Hause zu schauen? Wer hat's nun schließlich und endlich begriffen und weiß daraus mit flammendem Bewusstsein lichte Schlüsse gleichwie beharrlich saugende Dünkel für sich und alles Übrige zu ziehen? Solange wir nämlich sehen können und uns nicht noch blinder stellen, als dass wir wahrlich sind schon ohnehin, da ist es doch so unglaublich einfach, dem Firmament so schnell so nahezukommen und glatt eins zu werden mit dem Kosmos in einem himmelweit übertransparenten Verschmelzen von Gegenwart, Traum und Ewigkeit, das uns jeden noch so tiefen Untergang zum höchst erhabenen Vergnügen werden lässt.

Anstatt daher in begehrlichem Behagen mit erfahrungsheischender Erkenntniswut all die Umwege im Tun und im Denken so zu beschreiben, als wären sie die letzten der anwendbaren Mittel, da gilt es unbestreitbar – zumal und vor allem ob wie in und um der allseits erleuchteten Bestrebung einer wahrhaftigen Reinheit willen – direkt anzustreben, gleich einem im eigens selbst- wie allgenügsam verschwenderischen Feuer vollauf pulsierenden Sterne bewegt und bewogen von einer innerlich aufrichtig hervordrängenden Hitze auf ewig ins äußerste Dunkel Licht um Licht um Licht zu senden, um somit einzig seine eigene Sichtbarkeit in der wie gegen die Ewigkeit zu erlangen und allein sich auf diese aufflackernd einleuchtende Weise zugleich mit allen anderen wider die widrigen Unbestimmtheiten um Erde, Himmel und mehr der Enden und Anfangsweisen zu einem so lichte wie gewiss währenden Gefüge zusammenzufinden, welches den Übrigen umso heller erscheinen mag, je mehr wir uns für sie in der glänzenden Gewissheit unseres blendenden Verhängnisses wie in strahlender Bestimmung aufbrauchen – und dabei sternengleich aufgehen bis zum imposant aufflammenden Untergang wie ganz besonders in ebendiesem selbst, in dessen hochexplosivem Drängen und Ziehen und Zwängen und Fliehen wir letztendlich wiedervergehend geboren alles einmal Bekommene allem auf einmal zurückgeben, von uns ans Unendliche, das uns nun endlich wiedererkennt, wie wir gleich ihm mit dem glühenden Blitzschlag eines gottgleichen Gedankens von Zeit wie von Räumen befreit werden und somit wiedervereint mit dem All, mit dem ewigeinen Ursprung im Nichts. Und so unglaublich weit entfernt uns die Sterne in diesem Sinne auch immer erscheinen mögen, so nah befindet sich ihr ehrfürchtiges Erscheinen am Anfang unseres mitunter recht düster verlaufenden Weges – wie wohl zugleich an seinem lichterfüllten Ende. Wie schön doch das Firmament unseres letzten Endes allesüberstrahlenden Bewusstseins von der Welt so hoch und weit in allem zu leuchten vermag wie nichts sonst!

(Dezember 2011)

Letzte Worte

—

von einem kurzen Versuch zu enden oder: die langsam währende Versuchung, widerspruchsfrei sein Ende zu finden

Wie unsere gemeinsame Reise allmählich geradewegs ihrem unverkennbaren Ende entgegengeht und ein jeder also gleich wieder Reißaus nimmt und aus dieser einen, so detailreich fragmentiert beschriebenen, in seine ihm je eigenen Welten mit all ihren An- und Zu- und Widersprüchen, Versprechungen und Erfordernissen, Perspektiven und Aussichtslosigkeiten, Rollen und Mustern, Formen, Formaten und Formatierungsweisen gleichwie ihrer einzig wirklich fortbestehenden Beständigkeit im unverhohlen andauernden Wandel zurückkehrt, da liegt es nun in einem reichlich wohlgemeinten Sinne doch wahrscheinlich schlussendlich an mir, jedem meiner bis hierhin so tapferen Gefährten noch ein paar einfühlsam eröffnete, wiewohl eindringlich beschließende Worte des Resümees und des Ausblicks wie der nachsichtigen Bestärkung und des vorausssehenden Geleits mit auf seinen unumgänglichen Rückweg in die mutmaßlich unverändert unveränderlich erscheinende Alltäglichkeit zu geben. Es sei, seid euch dessen bei allen Bedenken zumindest bewusst, in jedem Falle aufrichtig versucht:

Gewohnheiten mögen zwar für gewöhnlich eine augenscheinlich angenehme Form von Sicherheit bedeuten, welche allerdings nur solange währt, wie sie gewiss ist, und sich daher nur deshalb auf die Dinge zu verlassen, weil sie ihrem oberflächlich unhinterfragbaren Anscheinen nach schon immer so gewesen sein mögen, dies ist letzten Endes ein in seiner unbedacht egozentrischen Biederkeit hochgefährliches Spiel frei von Regeln, das mithin gar zu einer selbst zerstörerischen Niederlage führen kann, zu einem niederschmetternden Verlust wie in eine höchst selbstverhängnisvolle Gefährdung, denn die Dinge sind nun einmal nicht, wie sie euch scheinen – oder vielmehr können sie gar nicht so sein, wie ihr sie euch so gern erscheinen macht –, da nämlich der Quellgrund für diesen irrlichternden Anschein gewiss in euch selbst ruht und eben nicht in den euch so blendend widerscheinenden Dingen.

Bleibt ihr dagegen stets offen, neugierig, recht kritisch flexibel wie aufmerksam und gewandt, seid dabei auch noch auf alles Mögliche gefasst, ohne gar allzu viel zu erwarten, dann wage ich euch nicht nur einen aufgeklärten Blick zu versprechen, welcher euch tiefere Einsichten in allgemeine – und, wer kann's denn schon wissen, vielleicht sogar universelle – Zusammenhänge erlaubt, sondern auch und vor allem ein wirklich überlebensfähiges Verhältnis zu eurem vermeintlichen Selbst, da ihr ja nicht mehr wirklich enttäuscht werden könnt, wenn und weil ihr eurer Täuschung schon selbst zuvorgekommen seid – soweit all dies freilich im realisierbaren Rahmen einer praktischen Umsetzung sinngemäß vollzogen werden kann und vor allen Dingen auch wird und das Ich dabei nicht an den heftig widerstreitenden Spannungen seiner allenthalben offensichtlich aufgehenden Widersprüchlichkeiten zerreißt und vergeht ob der wie in die Unzahl all seiner unhaltbaren Einzelteile und universell verspannten Bezüge.

Auf der anderen Seite bringt es nämlich in diesem gefährlich überdehnten Bezugsrahmen gerade mit Blick auf das Große und Ganze nicht wahrlich viel, sich selbstherrlich, -gerecht und recht angewidert von der Welt zurückzuziehen, wie in einem heimlichen Drang nach rachlüsterner Genugtuung und zur insgeheim verheimlichten Vergeltung, in sich selbst, wo in so zivilisationsmüder wie kulturpessimistischer Abkehr, absoluter systemischer Zurückweisung und ganz unverhohlen systematisch verallgemeinertem Widerspruch gegen die gegenwärtig vorherrschenden Umstände unseres Mit- und Beieinanderseins in all ihrer unverständlich konsumvernarrten Oberflächlichkeit, ihrer unverstanden postmodernen Überforderung, ihrer verständnislos globalisierten Weltvergessenheit, ihrer unmissverständlich konkurrenzlosen Wettbewerbsgier und ihrem verstandesfrei missbräuchlichen Selbstverständnis sich an den eigenen vergänglich schönscheinenden Gedanken gelabt wird, mögen diese auch noch so weit gehen und glänzen und rein sein und wahr tief in sich, denn einzig eine möglichst bewusste Teilhabe an all dem uns zusammen Umgebenden hat ja das Potential – wenn vielleicht zunächst auch nur im ganz Kleinen –, unsere Gedanken und Gefühle bedachtsam und gewissenhaft einzuwirken ins ganz Große und ebendarum auch dessen langfristig gehaltvolle Veränderung – oder seine ewigunbemerkt bestehende Permanenz – gleich der unsrigen mitgestaltend – oder erfahrungsweise – zu bewirken.

Wir sind nun einmal mit unserem Ich eingewoben in die Welt – gleichwie andersherum ebenso – und beide – Ich wie die Welt – ziehen aus dieser nicht eben wirklich unverbindlichen Verbundenheit ihre Stärke und Beständigkeit gleich ihrer prinzipiell konstitutiven Bedeutung und all ihrer Potentialität. Was wir also auch immer an Kraft aufwenden mögen, um diesem verhängnisvoll zeitweisen Zusammenschluss und immerbündigem Gefüge irgendwie zu entgehen, wendet sich schließlich notwendigerweise gegen uns, entzieht sich nämlich gleichsam selbst den Grund und löst sich daher einfach auf, ohne je wirklich weiterwirken oder -erfahren zu können.

Um nun aber beides – Ich wie die Welt – zielführend bewusst, nachhaltig gewiss und besonders auch nicht nur ein wenig in Richtung des vermeintlich fraglos Richtigen hin zu bewegen, bedarf es rein theoretisch neben aller in ihren namenlosen Details unbeschreiblich hochkomplexen Aufklärung des ebenso geistreich bedachten wie gefühlvoll praktizierten Kunststückes eines radikalen Pragmatismus, damit dem Ganzen gleichwie einem jeden Selbst noch eine Wende zum Guten hin beschert und bereitet wird auf seinem – und damit unbedingt auch unser aller – Weg in eine gewiss recht weit zum Ungewissen hin offenstehende Zukunft, wobei es schließlich und endlich doch sehr an uns liegen mag, dass sie nicht auch noch ein mehr oder minder gutes Stückchen weiter zum Gewissenlosen hin auf sich tut.

(Aber, nun doch noch einmal ganz unter uns, wer bin ich schon, wer kann, wer will, wer soll und darf ich schon sein, euch solcherlei und so viel mehr noch lehrend aufzutragen, wo ich ja selbst kaum über meine offenherzig wohlgemeinten Worte hinauskomme, zumal ich ja gerade doch zu wissen glaube, oder zumindest im tiefen – oder hohen – Bewusstsein zu handeln wie wirksam zu werden meine, dass Sprache letzten Endes im einzig ehrlichen wie alleinaufrichtigen Sinne nur dafür benutzt und dazu verwandt werden darf, sich selbst zu überwinden und sich also abzuschaffen. Jeder andere Einsatz kann nämlich ebenso zwingend logisch- wie in sich fraglos paradoxerweise bloß zu Betrug und Täuschung, zu Trennung, Zwietracht, Schwindel, Illusion und Missverstehen führen – egal ob dies nun, wie wohl nur höchstselten der Fall, mit absichtsvollem Vorsatz geschehen mag oder eben nicht – und bringt daher so gut wie immer nichtintendierte Ergebnisse in Form von realweltlichen Ereignissen oder gar Ereignisketten hervor, welche dann jedoch keineswegs mehr ungeschehen gemacht werden können. Und jeder anschließende Versuch, im Hinblick auf das Geschehene nach allen Möglichkeiten eine Umkehr herbeizuführen, verschlimmert das Ganze zumeist nur noch weiter.

Sprache ist uns alldabei so ein bezeichnend oberflächliches wie tief- und hintergründig wirksames Instrumentarium, zugleich Denkstruktur wie Wahrnehmungsschema, Verständigungs- und Verstandesmittel wie Erfahrungs- und Erkenntnisweg, kollektiver Bezugsrahmen im Sinne einer gültigen – und Gültigkeit erst in sich hervorbringenden – Grundlage des Miteinanders sowie ein gemeinsames Gefängnis, das namentlich uns zwingend bannt in die grund- und rahmengebenden Grenzen von Sinnen, welche demgemäß den Beschränkungen des Seins eine metaexistentielle Dimension nachstehen – oder denselben, je nach Perspektive, in diesem Maße zuvorkommen –, denn wir bestehen in solcher Form eben erst in und mit der wie durch unsere Sprache, die unsere tatsächliche Wahrnehmung des allgemeinen Eingebundensein gleich unseren beziehungsweisen Verbindungen zur Welt so regelmäßig bedingt, diejenigen zur äußeren wie jene zur innigsten und die zu anderen wie die eigenen, und uns somit die ansonsten unbegreifliche Wirklichkeit in zutiefst kenntnisheuchelnde Begriffe kleidet, welche vereinzelt ein ziemlich nacktes Verstehen erlauben.

Und wie Sprache uns demzufolge ein stimmiges Prinzip jedweder Möglichkeit ist, genau in diesem gemeinen Sinne ruft sie ebenso deren absolute Bedingtheit hervor, wie und weil sie nämlich so unwiderstehlich unaufhaltsam ein geeint erscheinendes Bewusstsein im Verständnis einhellig gestaltender Interpretationsweisen der Welt zur geteilten – und erst damit so unfassbar groß werdenden – Wirklichkeit kreiert, also aus dem bloßen Dasein Räume macht, die uns untrennbar miteinander verbinden – und einen dabei sogar unwiederbringlich zum Teil des Anderen werden lassen – mögen, wiewohl sie freilich für sich genommen absolut einfältig ist in ihrer formal zwingend zwanghaften Einstimmigkeit und von ebendieser Art auch sein nur kann, eindimensional und selbstprinzipiell allzugleich unbegreiflich, denn wir sind ihre Grenze und ihr Anfang selbst ganz verständlich, geben nämlich ihr in unser aller Vielgestaltigkeit den Raum, auf dass anderes sein kann – gleich uns selbst – in wahrhaftiger Liebe, die in diesem universell gemeinten Sinne wiederum nichts mehr ist als ein rundum bejahend und alles vollauf in seinem momentanen gleichwie ewigwährenden Dasein akzeptierendes Bewusstsein, ein bedingungsloses Ja in absoluter Hingabe also.

Insofern ist Sprache an und für sich ein unbedingtes Glücksspiel – ein Spiel mit dem Glück also, oder vielleicht doch eher eins mit dem Unglück –, wie sie ihren eigentlichen Grund ja unzweifelhaft in

Gefühlen haben mag, wo ihre Wirkung dagegen definitiv im Denken ansetzt, sich nämlich dort logischerweise effektiv entfaltet und schließlich davon ausgehend in uns zu einer Haltung oder Kraft oder Handlung heranreift, die wiederum ihrerseits zwangsläufig Gefühle erregt und heraufbeschwört, welche dann im hochemotionalisierten Einklang mit ihrem pathetischen Wesen darauf drängen müssen, dazu anzureizen, sich zu äußern, also dazu motivieren, sich zu veräußern, um so entweder vollauf aufzugehen in der Welt oder sich gleichsam in ihr – oder sie gleich in sich – aufzulösen. Und damit ist dann oftmals auch schon recht schnell eine weitere Windung in dieser unumwunden heillos missverständlichen Spirale um Gefühle und Worte zu einem Ende gesponnen, wie Denken und Handeln sich so unaussprechlich glücklos vereinen, um redlichst doch nichts als ihr Glück zu versuchen.

Neben solch einem unbedachtsam unkontrollierten Einsatz der bedenkenlos als unkontrollierbar zu bezeichnenden Sprache ist wohl nur noch die kolonisierte Konzentration einer konzentrierten Kolonie an hochfrequentem und niederreflektiertem Ich-Bewusstsein in der unüberschaubaren Unmenge seiner letztverhobenen Selbstbezogenheit und uferlosen Überzeugung von seiner eigenen Potenz und Wirklichkeit und Wirksamkeit eine noch größere Gefahr für vermeintlich objektiv gegebene Wahrheiten, da in diesem absolut komplizierten Beziehungsgeflecht und -gefüge auf jeden Fall Wünsche und Wirklichkeiten, Wesenheiten und Verwirklichungen, Absichten und Effekte, Vorhaben und Resultate wie Ansprüche und Ansichten so unwahrscheinlich weit auseinanderliegen und aneinander vorbeigehen, wie sonst wohl nur unnötig verwegene Wege zu mittelmäßigen Nichtmitteln oder lästig lange Umwege um ausweglose Mittel.

Und ebendeswegen war ich bis hierhin auch stets ziemlich versucht, mich in diesem Sinne auf einem Mittelweg von Ich und von Sprache hin fortzubewegen, indem ich die Sprache gerade nur soweit bemühe und bloß eben so nah an das Ich heranführe, bis sie sich schließlich unnütz verwirrt im Erkennen ihrer eigenen Vergeblichkeit erübrigen – und somit dem reinen Empfinden seine angemessen erhabene Stellung zurückgeben.

Alldem entgegen hätt' ich ja auch alles ganz einfach, wie ihr's doch alle zum einen selbst genauso schon wisst und weil's ja bei all dem zwanghaft angestrengten Bemühen zum anderen weder wirklich gut noch gar erst recht irgend schön hat werden je können, von vornherein sein und dabei belassen können, da ich ja erwiesenermaßen weder richtig erkennen noch wahrlich verstehen oder gar wahrhaftig wissen können kann, doch hab ich's nun ja trotzdem versucht, weil ich schlicht nicht anders hab' können tun, und nun ist's ja darum, wie's nun einmal ist, weil ich einmal mehr mit allem wie mit mir und meiner Zeit schlechterdings nichts besseres anzufangen gewusst, als … – und allerspätestens hier schließt sich nun doch endlich wieder der Kreis unserer hoffentlich nicht nur für mich sehr wertvollen Begegnung, denn:

    nun muss ich also enden
        da zerronnen
        was begonnen
      und ansonsten nie
     ein End' mehr fänd'
      was ist zwar drum
      schon angefangen
    doch sein's nicht kann
      und sei's wie's will
     weil's nie ein End'
  wird finden mögen! Allein
      gehabt euch ihr all-
       darum so wohl
       wie es nur euch

belieben mag und möglich ist
wie's möglich ist
– und versteht mich dabei bloß
nicht falsch!

Lebt also dennoch wohl sogleich gleichwie genau ebendarum und empfindet euch auch ebenso – und findet vor allen Dingen euren eigenen Weg nach euren allerbesten Mitteln, bevor euch derselbe unvermittelt unwegsam aufgezwungen wird und unmittelbar verwegen gewiesen!